国際社会と日本仏教

楠 淳證・中西直樹・嵩 満也 編

丸善出版

序文

龍谷大学アジア仏教文化研究センター（BARC）は、二〇一五年度より二〇一九年度にわたり、文部科学省の進める私立大学戦略的研究基盤形成支援事業に採択された研究プロジェクト「日本仏教の通時的・共時的研究―多文化共生社会における課題と展望―」を推進してまいりました。その間、二十二回にのぼるシンポジウム（国際・国内）、四十九回にわたる講演会（学術・文化）、三十八回におよぶワークショップ・セミナーをはじめとして多種多彩な研究活動を展開し、書籍に関しては研究叢書十六点、文化講演会シリーズ四点を世に送り出してまいりました。本叢書は、その総括といってよい第十七点目の研究叢書です。

本研究プロジェクトでは、日本仏教を世界的・歴史的・現代的視点より総合的に検証し、日本仏教のもつ多文化共生社会における課題と展望を明らかにすべく、設置した二グループ・四ユニットをさらに細分して九つのサブユニットを立て、計四十六名の研究員と十名の研究協力者を組織し、鋭意、研究を進めてまいりました。その成果が順次、シンポジウムや研究叢書等になりました。これらの成果を受け、本叢書では特に「国際」をキーワードとして、中国から朝鮮半島を経て日本に伝えられた仏教がいかに日本的に展開し、明治時代を迎えてから近現代に至るまでのさらなる国際化潮流の中でいかなる活動を行ってきたか、現代社会の諸課題に対して今後いかなる展望が期待できるか等について考証することにいたしました。その成果を一冊の書籍にまとめることで、今後ますます重要となる「多文化共生社会における課題と展望」を検証する一助になればと考えた次第です。なお、これらの点については編集後記（嵩副センター長）と末尾の全研究叢書様式の挨拶文（楠）にも明記しておりますので、あわせてご覧いただければ幸いです。

以上のように、本研究プロジェクトは計九サブユニットよりなる多彩なものですので、本叢書を編集するにあたっては、それぞれのサブユニットより執筆者を出し、三部構成とすることにいたしました。まず第一部では、仏教が日本に伝来する奈良・平安時代の国際交流のあり方、その後の南都・北嶺での日本的展開、また鎌倉時代になって比叡山（北嶺）より展開した種々の新仏教の中で特に親鸞浄土教に焦点をあてて論じることにいたしました。次に第二部では、明治仏教から大谷光瑞師および戦時下の仏教に至るまでを取り上げ、浄土真宗の国際化の流れ、浄土真宗第二十二世宗主であった大谷光瑞師の国際交流事業のあり方、戦時下での日本仏教の国際交流の試み等について論じました。また、第三部では現代社会を取り上げ、世界的に展開するエンゲイジド・ブッディズム運動、仏教社会事業のあり方や自死に関する諸問題、宗教間対話や宗教間教育・女性問題等に焦点をあて、日本仏教の現代的な取組みと展望について種々の観点より論じました。また、コラムとして「南都北嶺の祖師忌」「最古の世界地図・混一図」「親鸞と歎異抄」「近代仏教のなかの国際ネットワーク」「大谷探検隊のモンゴル調査」「ベンガルの仏教徒たち」「災害復興支援に取り組む宗教者」「クィア仏教学」等も掲載し、それぞれの章を補う新規の視点をも盛り込みました。

仏教はもともと、インドから中国・朝鮮半島を経て日本へと伝えられた、国際色豊かな宗教でした。このたびは特に「国際」をキーワードにして、日本に伝えられた国際色豊かな仏教が日本独自の展開を見せる中で、グローバル化した現代社会において今、国際的にいかなる役割を果たし得るのかという問いかけを念頭におきつつ、その解明のための端緒になればと考え、さまざまな視点から考証してまいりました。今後のさらなる解明を期待しつつ、本研究プロジェクトは本年度をもってひとまず終了といたします。

なお、龍谷大学アジア仏教文化研究センターは二〇一五年四月に創設された龍谷大学世界仏教文化研究センターの傘下にある研究機関として活動してまいりました。その成果のすべては母体である世界仏教文化研究センターへと引き継がれますので、今後は世界仏教文化研究センターの諸活動に一層のご理解とご支援をたまわりますよう、お願い申し上げます。

合　掌

令和二年一月十六日

龍谷大学アジア仏教文化研究センター
センター長　楠　淳證

目次

第Ⅰ部　東アジア仏教圏と「日本仏教」の形成

須彌山儀
（龍谷大学図書館蔵）

第一章　奈良・平安の時代にみる中国仏教の日本的受容

一　はじめに

須弥山儀《しゅみせんぎ》に代表される須弥山を中心とした仏教的世界観から三国東漸《とうぜん》（インド→中国→日本）の世界観、そして『混一疆理歴代国都之図《こんいつきょうりれきだいこくとのず》』を経て現代地図へと至る一連の世界観の変遷の中で、仏教は漸々《ぜんぜん》に日本に伝えられました。意外に思われるかもしれませんが、奈良・平安時代の日本は国際交流の盛んな時代であり、中国に派遣された遣隋使・遣唐使を通して多彩な文化が日本にもたらされました。法隆寺の回廊の柱がパルテノン神殿のエンタシス技法を用いたものであることは既に広く知られていることですが、それ以上に仏教そのものが国際交流の中で異国からもたらされた、最新の文化にほかなりませんでした。日本への仏教公伝は、『日本書紀』によれば五五二年、『元興寺伽藍并流記資財帳《がんごうじがらんならびにるきしざいちょう》』や『上宮聖徳法王帝説《じょうぐうしょうとくほうのうていせつ》』によれば五三八年であったとされていますが、その後、「モノナラウホウシ」と呼ばれる「学問僧」によって中国伝来の宗（学派）が次々に日本に伝えられ、奈良の地において「南都六宗《なんとろくしゅう》」として華開きました。

その後、平安時代になって伝教大師最澄《でんぎょうだいしさいちょう》（七六六／七六七―八二二、図1）の天台宗《てんだいしゅう》と弘法大師空海《こうぼうだいしくうかい》（七七四

図１　伝教大師最澄
（一乗寺蔵、国宝天台高僧像十幅の一つ）

―八三五）の真言宗《しんごんしゅう》の二宗が加わって「八宗」となり、かつまた一時代を画する南都（奈良）の六宗と北京（京都）の天台宗とを総称して「南都《なんと》・北嶺《ほくれい》の仏教」などとも呼ばれるようになりました。ことに天台宗の躍進にはめざましいものがあり、最澄をはじめ円仁《えんにん》や円珍《えんちん》のもたらした円・密・禅・戒・浄土の五宗を相承・進展させる中で、平安時代末期から鎌倉時代初期にかけて、栄西《えいさい》の臨済宗《りんざいしゅう》、法然《ほうねん》の浄土宗《じょうどしゅう》、日蓮《にちれん》の法華宗《ほっけしゅう》、道元《どうげん》の曹洞宗《そうとうしゅう》、親鸞《しんらん》の浄土真宗《じょうどしんしゅう》、一遍《いっぺん》の時宗《じしゅう》などの新仏教が次々に展開しました。

本章では、遥か奈良・平安時代になされた国際交流によって、当時の新進の文化である仏教がどのようにして伝わり、また、いかに日本的に進展したかを「南都の法会《ほうえ》」と「北嶺の行」を中心に明らかにしていきます。

（楠　淳證）

二　南都仏教の国際交流

南都六宗　釈迦牟尼仏《しゃかむにぶつ》（仏陀《ぶっだ》）によって説かれた仏教がインドから中国へと伝わるにあたっては、インド・西域・中国等の出身である数多くの「三蔵法師《さんぞうほうし》」の活躍が必要だったのと同様に、中国から日本へと仏教が伝来する過程においては、多数の「渡来僧《とらいそう》」と「学問僧《ものならうほうし》」の存在が不可欠でした。なかでも、仏教を日本に伝えるという特殊使命を帯びて中国に渡った「学問僧」の活躍抜きには、日本仏教は語れないといってよいでしょう。

これについて、『日本書紀』第二十二に収録される推古天皇の十六年（六〇八）秋九月の条には、当時の国際交流のありさまを語る中で、学問僧として「新漢人日文《いまきのあやひとにちもん》・南淵漢人請安《みなぶちのあやひとしょうあん》・志賀漢人慧隠《しがのあやひとえおん》・新漢人広済《いまきのあやひとこうさい》等」が随行したと記されています（神道体系編纂会編『日本書紀』下巻・六七）。これが「学問僧」という語が歴史上で用いられた初見とされています。その後、道昭《どうしょう》・智通《ちつう》・智達《ちたつ》・智蔵《ちぞう》・道慈《どうじ》・玄昉《げんぼう》・道光《どうこう》等の学問僧が相次いで中国に渡り、奈良の時代に、当時の最新の仏教を日本にもたらしました。これら「学問僧」によってもたらされた仏教は奈良の地を中心に展開し、いわゆる「南都六宗」と呼ばれる学問宗として展開していきました。すなわち、三論宗《さんろんしゅう》・成実宗《じょうじつしゅう》・法相宗《ほっそうしゅう》・倶舎宗《くしゃしゅう》・華厳宗《けごんしゅう》・律宗《りっしゅう》の六宗です。

三論宗（附成実宗）の伝来

このうち三論宗は、凝然《ぎょうねん》（一二四〇―一三二一）の『三国仏法伝通縁起《さんごくぶっぽうでんづうえんぎ》』巻中によると（大日本仏教全書第六二巻・一三・上）、百済国より日本に最初に伝えられた宗であったといいます。すなわち、高麗国王より派遣された高麗僧の慧灌《えかん》（七世紀頃）が、推古天皇の三十三年（六二五）に来朝して元興寺《がんごうじ》に住して三論を講じたのが初めてであり、慧灌は三論宗の祖師の一人である嘉祥《かじょう》大師吉蔵《きちぞう》（五四九―六二三）の弟子でした。その後、慧灌の法孫にあたる智蔵（生没年齢不詳）が唐に渡って重ねて三論を伝え（第二伝）、さらに智蔵の弟子の道慈（？―七四四）もまた唐に渡って養老二年（七一八）に帰朝して三論を弘めた（第三伝）といいます。いうまでもなく、あの当時の船で海を渡ることは、まさしく命懸けでした。しかし、渡来僧一名と学問僧二名による命を懸けた尊い行動によって、三論の教えは日本に伝えられたのです。以降、三論宗（三論教学）は元興寺・大安寺・西大寺等で盛んに考究されるようになり、平安時代になると東大寺東南院《とうなんいん》を中心に広く学ばれるようになりました。全盛期には、智光《ちこう》・礼光《らいこう》・安澄《あんちょう》・勤操《ごんそう》・実敏《じつびん》・玄叡《げんえい》・道詮《どうせん》・観理《かんり》・永観《えいかん》・珍海《ちんがい》らのすぐれた学侶《がくりょ》が次々と現れましたが、平安末期には衰亡し、法相・華厳の二宗に付属して学ばれるにすぎなくなりました。なお、三論宗と同時に伝えられ、三論宗の附宗（付属の学問）として学ばれたのが、成実宗でした。

法相宗（附倶舎宗）の伝来　次に、日本に伝えられた宗が法相宗です。法相宗の本寺である興福寺《こうふくじ》は南都を代表する大寺であり、また藤原一族の氏寺でもありましたので、奈良時代の法相宗の勢力は盛大でした。その伝来について凝然の『三国仏法伝通縁起』巻中（『大日本仏教全書』第六二巻・一四・上〜中）には、四回にわたって伝来したと記されています。すなわち、玄奘三蔵《げんじょうさんぞう》がインドに遊学してもたらした唯識《ゆいしき》が慈恩《じおん》大師基《き》・淄洲《ししゅう》大師慧沼《えしょう》・撲揚《ぼくよう》大師智周《ちしゅう》と相承《そうじょう》され、これら三師（三祖）より道昭《どうしょう》（六二九―七〇〇）・玄昉《げんぼう》（六九一―七四六）らの日本の学問僧たちが直接に教えを伝授して日本に伝えたといいます。すなわち、第一伝とされる道昭は白雉《はくち》四年（六五三）に入唐して玄奘三蔵より唯識を伝授され、帰国後に元興寺《がんごうじ》に住して法相唯識を弘めました。その後、斉明天皇の四年（六五八）に入唐した智通《ちつう》・智達《ちたつ》（第二伝）、大宝三年（七〇三）に入唐した智鳳《ちほう》・智鸞《ちらん》・智雄《ちゆう》（第三伝）らが相次いで唯識を伝え、養老元年（七一七）には第四伝とされる玄昉が入唐して智周について唯識を学び、帰国後に興福寺を本拠として法相唯識を弘めたのです。今とは異なる命懸けの航海であったことは、快道《かいどう》の著した『阿毘達磨倶舎論法義《あびだるまくしゃろんほうぎ》』に「道昭和尚は鯨波を渡り長安に至る」（大正新脩大蔵経六四・七・上、以下「大正…」と略す）等と記されていることで、その一端が分かります。このようにして伝えられた法相唯識は、第二伝が第一伝に合して南寺伝《なんじ》（元興寺伝・飛鳥伝《あすか》）となり、また第三伝が第四伝に合して北寺伝《ほくじ》（興福寺伝・御笠伝《みかさ》）となり、二つの流れに収斂《しゅうれん》されていきます。以降、日本の法相宗は南北二流を包みこみながら伝えられることとなり、南寺系からは行基《ぎょうき》・護命《ごみょう》・仲継《ちゅうけい》・明詮《みょうせん》らが、北寺系からは善珠《ぜんじゅ》・空晴《こうじょう》・仲算《ちゅうざん》・真興《しんごう》・蔵俊《ぞうしゅん》・貞慶《じょうけい》・良遍《りょうへん》らの錚々たる人師が出て、宗義の興隆につとめました。なお、法相宗の附宗として学ばれたのが倶舎宗でした。

華厳宗の伝来

次に日本に伝えられた宗は、華厳宗でした。華厳宗は中国の杜順《とじゅん》・智儼《ちごん》・法蔵《ほうぞう》・澄観《ちょうかん》・宗密《しゅうみつ》の五祖によって組織づけられた宗であり、これらの祖師の書物が日本へ伝えられたのは天平八年（七三六）七月であったといいます。これについて凝然の『三国仏法伝通縁起』巻中（『大日本仏教全書』第六二巻・一五・上〜下）には、華厳宗普寂《ふじゃく》の弟子であった道璿《どうせん》律師（七〇二―七六〇）によって初めて華厳の章疏がもたらされ、次いで天平十二年（七四〇）に良弁《ろうべん》（六八九―七七三）の要請をうけた新羅《しらぎ》の審祥《しんじょう》（？―七四二）が金鐘道場《こんしょう》（後の東大寺法華堂）において初めて『華厳経』を講じたと記されています。審祥は華厳宗の大成者である法蔵《ほうぞう》の弟子だったので、ここに華厳宗が正式に伝えられたといってよいでしょう。したがって、華厳の教えは学問僧ではなく渡来僧によってもたらされたということになりますが、しかし、その際にも学侶であった良弁僧正（図2）のはたらきが不可欠であったことが資料より窺えます。かくして良弁は、華厳の宗義を興隆するために聖武天皇に奏して東大寺を建立し、これを華厳の根本道場としたのです。以後、実忠《じっちゅう》・等定《とうじょう》らが出て華厳の教えを高めましたが、平安時代の初頭になると東大寺は八宗兼学の道場と

図2　良弁僧正
（東大寺蔵）

なったので、平安中期に出た光智《こうち》（八九四—九七九）が東大寺内に華厳専門の道場である尊勝院《そんしょういん》を建て、改めて宗義の興隆をはかりました。この光智の門下から東大寺系と高山寺系の二流が生じ、東大寺系からは後に宗性《そうしょう》・凝然らが、高山寺系からは高弁《こうべん》らが出て、それぞれに華厳の教えを高めました。

律宗の伝来

最後に奈良に伝えられた宗は、律宗です。律宗は律蔵を所依として立てられた宗であり、経蔵・論蔵を所依として立てられた他の宗とは性格をやや異にしています。中国へは五世紀にインドから律の全般が伝えられ、『十誦律《じゅうじゅりつ》』・『四分律《しぶんりつ》』・『僧祇律《そうぎりつ》』・『五分律《ごぶんりつ》』の順に訳出されました。やがて唐代におよんで、道宣《どうせん》（五九六—六六七）の南山宗《なんざんしゅう》・法礪《ほうれい》の相部宗《そうぶしゅう》・懐素《かいそ》の東塔宗《とうとうしゅう》の三宗に分かれましたが、後には南山宗のみがひとり栄えるようになりました。凝然の『三国仏法伝通縁起』下巻（『大日本仏教全書』第六二巻・一七下〜一八中）によれば、天武天皇の白鳳四年にはまだ日本には戒法が伝わっていなかったので、道光《どうこう》律師を唐に派遣し、律蔵を学ばせたといいます。その後、天平八年（七三六）になって唐の道璿《どうせん》（七〇二—七六〇）が来朝して『四分律行事鈔《しぶんりつぎょうじしょう》』を初めて講じるに至りましたが、まだ授戒の作法を備えたものではありませんでした。そこで、天平勝宝五年（七五三）十二月に鑑真《がんじん》（六八八—七六三、三八頁参照）の来朝が実現するのですが、乗船した船がしばしば難破したため、実に十二年六回目の渡航でようやくにして来朝を果たしました。そして、翌年の勝宝六年四月、東大寺大仏殿の前に戒を授けるための戒壇を築き、天皇以下群臣に菩薩戒《ぼさつかい》を授けました。その後、大仏殿の西に戒壇院《かいだんいん》が設けられ、また下野《しもつけ》の薬師寺と筑紫《ちくし》の観世音寺にも戒壇が整えられました。さらに唐招提寺を建て、ここに鑑真が住したので、唐招提寺が律宗の本寺となりました。律宗は奈良時代を通して栄えましたが、その後は次第に衰え、平安時代末期から鎌倉時代初期にかけて、実範《じっぱん》・貞慶《じょうけい》・覚盛《かくじょう》・叡尊《えいそん》等の人師が出て復興の努力がなされました。特に覚盛・叡尊は復興に力を尽くしたので、律宗中興の祖と仰がれました。

（楠　淳證）

最澄・空海へ　以上のように、奈良時代に仏教が伝えられるにあたっては、「渡来僧」のみならず「学問僧」と呼ばれる特殊な使命を帯びた人たちが命を懸けて中国に渡り、大陸の最新の文化といってよい仏教をもたらしました。伝えられたものは教義のみならず建築技術や造像技術・書画・音楽等の多岐にわたり、またもたらされた経論疏章等をもとにして、後に述べる論義問答をはじめとする各種の法会《ほうえ》が成立していきました。

そのようななか、平安時代になって最澄《さいちょう》（七六六／七六七―八二二）と空海《くうかい》（七七四―八三五）が新たな学問僧として中国に渡り、新進の仏教を日本にもたらしました。これを初めとして、平安時代には特に北嶺の天台僧による中国への渡航が活発に行われるようになりました。

三　北嶺仏教の国際交流

桓武天皇（七三七―八〇六）は即位後、政情不安から人心を一新すべく平城京から長岡京、そして平安京へと遷都しましたが、奈良の寺院は京へは移されず、そのまま旧都に置かれました。南都仏教の法相宗や華厳宗、それに律宗の教理は、平安時代に新たに登場する天台宗《てんだいしゅう》や真言宗《しんごんしゅう》の中で以前とはまったく異なった形で取り入れられ展開していきました。また、平安時代の仏教の諸要素は既に奈良時代の後半期に萌芽していたとみる学説（頼富、二〇〇九）もあります。

空海の入唐求法と帰朝後の布教

平安期の仏教は、貴族を中心とした鎮護国家《ちんごこっか》の仏教であり、中国に渡った「学問僧《ものならうほうし》」の活躍により新たな展開がなされました。凝然の『三国仏法伝通縁起』巻下（『大日本仏教全書』第六二巻・二二一・中）には、弘法《こうぼう》大師空海が延暦二十三年（八〇四）に密教を求めて中国に渡ったと記されています。このとき空海は、三論の勤操《ごんそう》より「虚空蔵求聞持法《こくうぞうぐもんじほう》」を受けた後、さらに密教の理解を深めようとし、たまたま最澄と同じ遣唐使船で唐に渡りました。そして、青龍寺の恵果《けいか》（七四六―八〇五）にめぐりあって真言密教を学び、多くの密教修法《しゅほう》や曼陀羅《まんだら》の図画、それに密教の経典や法具を入手して帰国します。空海がもたらした密教は当時の日本では最新の仏教であり、修法によって国家安泰の祈願がなされ、朝廷を支える役を担うようになります。このような日本に密教をもたらした入唐僧を凝然は入唐八家《にっとうはっけ》と称していますす。いわゆる、最澄・空海・常暁《じょうぎょう》（?―八六五）・円行《えんぎょう》（七九九―八五三）・円仁《えんにん》（七九四―八六四、図3）・

恵運《えうん》（七九八―八六九）・円珍《えんちん》（八一四―八九一）・宗叡《しゅうえい》（八〇九―八八四）の八人で、最澄・円仁・円珍の三人は天台宗、他の五人は真言宗の人師でした。その他にも、唐からの帰途中に難破して命を落とした天台僧の円載《えんさい》（？―八七七）などもいました。このような命懸けの学問僧の活躍により、平安時代には新たな仏教が展開しました。

帰国した空海は即身成仏《そくしんじょうぶつ》と法身説法《ほっしんせっぽう》の思想を説き、その後の日本仏教に大きな影響を及ぼしました。また『十住心論《じゅうじゅうしんろん》』などを著し、インド・中国の思想および南都仏教の教えを吸収した教判論を展開し、真言密教を最高の教えと位置付けました。一方、最澄は天台の教えを軸に従来の仏教をまとめた教判論を展開し、天台法華宗を立てます。弟子の円仁が入唐するなどの活躍によって中国の浄土教思想が比叡山に伝わり、北嶺《ほくれい》の仏教はまさに総合仏教として展開していきます。

図３　慈覚大師円仁
（延暦寺蔵）

最澄の入唐求法と帰朝後の布教　空海と同じ船で延暦二十三年に唐に渡った学問僧が伝教大師最澄でした。凝然の『三国仏法伝通縁起』巻下（『大日本仏教全書』第六二巻・二〇・上）によれば、最澄より以前に渡来僧の鑑真が戒律の経論に加えて天台宗の基本典籍である法華三大部（天台大師智顗《ちぎ》が説いた『法華玄義《ほっけげんぎ》』・『法華文句《ほっけもんぐ》』・『摩訶止観《まかしかん》』）など天台の章疏をもたらし、また道璿《どうせん》律師や法進《ほっしん》（鑑真の門人）等も天台の教えを弘めたといいます。ちなみに、道璿は最澄の師である三論宗の行表《ぎょうひょう》(七二二―七九七)の師にあたります。十四歳のときに近江の国分寺の行表のもとで出家した最澄は、華厳・律・禅に精通していた道璿のもとで修学した行表に師事して教えを受けたことが、その後の最澄に大きな影響を与えることになったとみられています(平川、一九七七)。ところが、もたらされた天台関係の文献を後に法進を通じて読みますが、誤字などが含まれた不正確な文献でしたので、最澄は意を決して三十八歳のときに中国へ向かいます。そして、天台山で師にあい法を受け、厳密な天台典籍を伝えたのです。最澄は入唐後、刺史陸淳《ししりくじゅん》(?―八〇五)のはからいにより天台山国清寺《こくせいじ》の道邃《どうずい》にあい法華円教《えんぎょう》を受けます。そして、仏隴寺《ぶつろうじ》の行満《ぎょうまん》からも法華円教を学びました。道邃の師の荊溪湛然《けいけいたんねん》(七一一―七八二)は華厳の影響を受けていました。そのことも最澄に影響したとみられます。そして、順暁《じゅんぎょう》からは密教を伝授され、翛然《しゅくねん》からは牛頭禅《ごずぜん》の法を受けています。また、台州龍興寺《りゅうこうじ》において最澄は、通訳として同行した義真《ぎしん》らとともに、道邃から大乗菩薩戒を受けています。この受戒は後に最澄の戒律観に大きな影響を与えました。最澄は東大寺で受戒していますが、それを小乗仏教による戒律とみて弘仁《こうにん》九年(八一八)に小乗戒棄捨宣言をなし、南都から猛反発を受けました。最澄は比叡山において、大乗菩薩僧を養成するには、三学《さんがく》(戒《かい》と定《じょう》と慧《え》)そろって大乗である必要性を考えていました。これが最澄の思想特徴である大乗戒壇《だいじょうかいだん》独立運動となってあらわれました。最澄没後、弟子の光定《こうじょう》(七七九―八五八)の活躍によって比叡山に大乗の戒壇院が建立されるに至ったことは、天台宗にとって大きな成果でした。

一方、最澄は鑑真の弟子である道忠《どうちゅう》(七三八―七八三)から膨大な天台典籍の写経を贈られたことを契機として、弘仁八年(八一七)に東国を訪れた際に会った法相宗の徳一《とくいつ》との間で、示寂の年の弘仁十三年(八二二)

まで、激しい仏性論争を繰り広げました。これが世にいう、一三権実論争《いちさんごんじつろんそう》です。その後も、法相宗仲算《ちゅうざん》（?—九七六）と天台宗良源《りょうげん》（九一二—九八五）による応和の宗論や、天台宗源信《げんしん》（九四二—一〇一七、図4）の『一乗要決』、法相宗蔵俊（一一〇四—一一八〇）の『仏性論文集』などが相次いで著され、長く諍われることになります。

最澄以降の展開

ところで、日本の天台宗は最澄によって天台法華宗として開宗され、比叡山は円・密・禅・戒の四宗融合の仏教として発展していきます。後に、円仁の入唐求法によって浄土教思想が比叡山に伝わり、総合仏教の山として展開するに至りました。そして、この山から鎌倉新仏教の祖師の多くが輩出し、いつしか比叡山は「日本仏教の母山」と称されるようになりました。さらに最澄に関して、凝然の『三国仏法伝通縁起』下巻（大日本仏教全書第六二巻・二〇・下）には、義真《ぎしん》（七八一—八三三）や円仁《えんにん》をはじめとするたくさんの弟子がいたことが記されています。ちなみに、義真は最澄の入唐時に通訳として同行し、後に天台の初代座主《ざす》に就いた人物です。また、慈覚《じかく》大師円仁は、比叡山に密教や浄土教を本格的にもたらした人物です。凝然の『三国仏法伝通縁起』巻下（大日本仏教全書第六二巻・二〇・下）によれば、円仁は承和五年（八三八）、四十五歳のおりに入唐し、在唐十年に及んで修学し、天台の教えに加え真言の教えを叡山に伝えました。また、その際に円仁

図4　恵心僧都源信
（龍谷大学図書館蔵）

が唐から伝えた浄土教の法門は、後の日本浄土教の展開に大きな影響を及ぼしました。それについては後節で詳しく述べますが、円仁は密教を本格的に叡山に伝えた功績で注目されます。円仁は最澄よりいっそう、日本天台の密教化を進めた人物であったといってよいでしょう。その後、仁寿三年（八五三）に入唐したのが義真の弟子にあたる智証大師円珍《えんちん》（八一四―八九一）でした。円珍は法華と密教を修得し、密教のたくさんの典籍を伝えました。この円仁と円珍の活躍により天台の密教（台密《たいみつ》）は大いに栄えていきます。

中国との国際交流を担ったものとして唐決《とうけつ》という文献があります。これは主として平安時代、比叡山の僧が未解決であった問題を「質問状」として入唐僧などに託し、中国の学僧に答えを仰いだものです。天台宗義における学術交流といえます。第二世座主の円澄《えんちょう》（七七二―八三七）の問に対して天台山の廣修《こうしゅう》が返答した『円唐決』や、維蠲《いけん》による『澄唐決《ちょうとうけつ》』、あるいは光定の問に対する宗頴《しゅうえい》の『宗頴決答』などがあります。これらもまた、当時の活発な国際交流を物語るものの一つでした。

（道元徹心）

四　南都の行―法会―

六種の法要　永村眞氏の論稿「中世興福寺の学侶教育と法会」（永村、二〇〇八）によると、法会《ほうえ》は「仏法相承を象徴する場」にして「法悦を共有する場」であり、これに大別して「読経《どきょう》・講説《こうぜつ》・悔過《けか》・論義《ろんぎ》・修法《しゅほう》・説戒《せっかい》」という六種の法要を核とするものがあったといいます。いわゆる、経典の読誦を柱とする読経（大般若経会《だいはんにゃきょうえ》など）、経論疏釈の講演を柱とする講説（心経会《しんぎょうえ》・常楽会《じょうらくえ》・三蔵会《さんぞうえ》）、懺悔《さんげ》作法を柱とする悔過

（修正会《しゅしょうえ》・修二会《しゅにえ》）、経論の義理への問答を柱とする論義（三会三講《さんねさんこう》のほか法華会《ほっけえ》・慈恩会《じおんね》など）、密教作法による祈祷を柱とする修法、戒律遵守のための戒文確認を柱とする説戒（布薩《ふさつ》・自恣《じし》）などが核となり、これに歌踊音曲などが加わって構成される一連の行事を「法会」と呼んでいたのです。では、法会は何のためになされたのでしょうか。もちろん国家安康のためであることはいうまでもありませんが、しかしその根幹にあったのは実は「仏道」でした。法会は「行」そのものだったのです。

悔過《けか》　法会は華やかに厳修されますので、今では「儀式」としか見ない方々も増えてきました。しかし、六種の法要にはそれぞれ意味がありました。例えば、東大寺の「お水取《みずと》り」や薬師寺の「花会式《はなえしき》」などの華やかな法会は、いずれも「修二会」と呼ばれる天下安穏《てんげあんのん》・万民快楽《まんみんけらく》・五穀豊饒《ごこくほうじょう》などを願う祈念の法会として勧められていました。しかし、その本質は「悔過《けか》」にありました。この点について、かの有名な『大般若波羅蜜多経《だいはんにゃはらみったきょう》』には、

> 自己の過《とが》を悔い改め、その過を生み出してきた煩悩《ぼんのう》（ここでは憍慢心）を捨てて仏道実践を行なっている浄善友に親近・讃歎等することによって、やがては輪廻の流れから仏道の流れに入り、般若波羅蜜多を実践することで無上正等菩提を証することができる。
>
> （大正七・六五一・上〜中、筆者取意、以下同）

と記されています。また、『大方広仏華厳経《だいほうこうぶつけごんぎょう》』にも、「悔過という善根を実践することで一切の業障を離れ、

三世諸仏の無尽の善根を随喜するに至る」（大正九・四九七・上）と述べられています。要するに悔過をなすことによって仏道の障りとなる罪過を離れ、仏道のスタート地点に立つことができるという利点が示されているといってよいでしょう。ここに実践する僧侶にとっての悔過法会の真の意義がありました。

読経《どきょう》　この点ではほかの五つの法会も同様でした。その中の「読経」ですが、これについて『仏説大安般守意経《だいあんはんじゅいきょう》』という経典には、「読経の第一の功徳は心に罪悪を習わず、わざわいを消す点にある」（大正一五・一六六・中）と述べられています。また、第二の功徳としては『小品《しょうぼん》般若波羅蜜経』に、「読経することで安楽衆生の悲欲を生じて説法する功徳の生じる」（大正八・五六四・上）こともあげられていました。また、第三の功徳としては『地蔵菩薩本願経《じぞうぼさつほんがんきょう》』に臨終時の功徳を示すに際して、「地獄必定であった者が臨終時の読経の功徳によって解脱を得る道のあること」（大正一三・七八三・上）が説かれていました。また、日本の学侶である永観《えいかん》（一〇三三―一一一一）の『往生拾因《おうじょうじゅういん》』にも『業報差別経《ごうほうしゃべつきょう》』を引いて、

> 念仏と読経には行中の眠気からまぬがれるほか、散心が失せて勇猛精進して禅定（三昧）に入り、必ずや浄土に生まれることができる。（大正八四・九八・上）

等とある利点を示すと同時に、加えて「聞く者の罪を滅する功徳のあること」（同）も説かれています。したがって、読経そのものが仏道実践であったことは明らかであり、これを核とした法会が南都北嶺を中心になされていたことは、至極当然のことであったと考えられます。

講説《こうぜつ》　次に「講説」ですが、大乗の経典の一つである『悲華経《ひけきょう》』には仏陀の講説の功徳について、「諸仏の講説は無量無辺の衆生に大利益を与えて無上なる大乗を具足せしめようとしてのことである」（大正三・一六八・下）といい、「如来の講説」が示されています。もちろん、講説は本来的に如来のなすものにほかなりませんが、その次には如来の講説を記録した経典をもって衆生に講説する行者（菩薩）のあり方が示されるようになります。例えば『大宝積経《だいほうじゃくきょう》』には、「仏陀の教えを信受して仏道を歩む行者が教法を聞いて得た慧解《えげ》（聞慧《もんね》）をもって経典を講説するあり方」（大正一一・七二・中）が示され、「その講説の結果として聴く者に大慈と大悲（無尽哀）を生じさせる功徳」（同）が説かれています。また、『大般涅槃経《だいはつねはんぎょう》』には、「成仏したときには自らの国土に存する一切の衆生がともに和合して互いに講説することが菩薩の願いである」とも示されています。そのためか、諸仏・諸菩薩の講説がやがて実在の人師に対しても用いられるようになり、例えば慧皎《えこう》の編纂した『高僧伝』などには各人師の伝記を述べる中で「互講説」（大正五〇・三七〇・中）「常講説」（大正五〇・三七一・中）「講説導衆生化」（大正五〇・三七二・中）などと記されるようにもなるのです。かくして、衆生に大利益を与え、大慈大悲の功徳を生じさせる講説が、「法要を講論する」法会の核として展開されるようになりました。したがって、講説もまた、学侶《がくりょ》にとっての仏道実践の一環にほかならなかったことが分かります。

論義《ろんぎ》　次に「論義」ですが、『大般若波羅蜜多経《だいはんにゃはらみったきょう》』においては般若波羅蜜多を供養・恭敬《くぎょう》・尊重・讃歎《さんだん》する善男子《なんし》と善女人《にょにん》が夢を見る際に、「法義を論じて決択する菩薩の論義」（大正七・五六〇・下）のあり方が示されています。この点に関しては『阿毘達磨蔵顕宗論《あびだるまぞうけんしゅうろん》』にもまた、「難を釈して義を決択する」（大正

図5　解脱房貞慶
（海住山寺蔵）

二九・八九二・上）意味で論義という言葉が用いられていたことが分かります。要するに、論義とは仏法の真実義を正しく慧解《えげ》する道にほかならなかったのです。このような論義が日本においては、学侶の学問研鑽の中核になっていきます。すなわち、中国より伝えられた問答形式の章疏《しょうしょ》の影響を受け、晴れの法会の場で学問研鑽の成果を披露する論義法会が活発に行われるようになっていくのです。これに拍車をかけたのが、三会《さんね》を経て僧綱《そうごう》職に就くという僧界のルールでした。いわゆる三会とは、興福寺維摩会《ゆいまえ》・宮中御斎会《ごさいえ》・薬師寺最勝会《さいしょうえ》をいい、まずは竪義《りゅうぎ》という試験を受けて得業《とくごう》になることが学侶には求められます。得業となった者のなかから三会の講師《こうじ》が推奨され、三会の講師をすべて勤めあげた者は「已講《いこう》」と呼ばれ、律師《りっし》・僧都《そうず》・僧正《そうじょう》などの僧綱職を朝廷から授けられたのです。南都仏教は学問仏教の面を濃厚に有していましたので、それにともなって朝廷が作り上げた制度であったといってよいでしょう。僧綱職につくということは一面、大変な名誉でしたので、そのため学侶はひたすら学問しました。鎌倉初期の解脱房貞慶《げだつぼうじょうけい》（一一五五―一二一三、図5）の著した『勧学記《かんがくき》』（日本大蔵経六四・二七・上〜下）には、学侶は一日に実に十四時間の学問をせよと勧めており、これによって学侶は慧解《えげ》を内に育てあげ、論義法会に臨んだのです。したがって、論義研鑽は決して立身出世のためだけではなく、明らかに仏道の根幹となる慧解を育むものだったといってよいでしょう。これについて、天正十七年（一五八九）に多聞院英俊《たもんいんえいしゅん》（一五一八―一五九六）が作成したという『興福寺住侶寺役宗神擁護和讃《こうふくじじゅうりょじやくしゅうじんようごわさん》』を見ると、「幾世もの縁によって興福寺の寺僧となったのは、ひとえに五十六億七千万年後に弥勒が娑婆世界に下生なさった際に見仏聞法《けんぶつもんぼう》するためである」と明言し、法相擁護の神である春日大明神に今世と後世の擁護を願うとともに、仏道の障りとなる一切の障礙《しょうげ》（煩悩）の尽除を求めています（楠、二〇一九）。この点からも、寺僧（学侶）となる最終目標は今生での立身出世にあったというよりは、論義研鑽という仏道実践によって出離解脱《しゅつりげだつ》を求めるところにあったといってよいでしょう。したがって、論義を中核に据えた論義法会もまた、仏道であったことが知られるのです。

説戒《せっかい》　次に「説戒」ですが、戒律の厳守もまた、学侶にとっては重要な実践の一つでした。既に広く知られているように、釈尊所説の八正道《はっしょうどう》には後の「戒《かい》学・定《じょう》学・慧《え》学の三学」が明瞭に示されていました。すなわち、仏陀の教えを信受する「正見《しょうけん》」、仏陀の教えに適った意業《いごう》である「正思惟《しょうしゆい》」、仏陀の教えに適った口業《くごう》である「正語《しょうご》」、仏陀の教えに適った身業《しんごう》である「正業《しょうごう》」、仏陀の教えに適った三業の暮らしである「正命《しょうみょう》」、仏陀の教えに適った弛《たゆ》まぬ努力である「正精進《しょうしょうじん》」、仏陀の教えに適った思念である「正念《しょうねん》」、仏陀の教えに適った禅定である「正定《しょうじょう》」の八種について『成実論《じょうじつろん》』（大正三二・二五一・下）には、釈尊の教えを信受して整えられていく正思惟・正語・正業と、その暮らしである正命を戒学にまず分類しています。次いで、これらを精進（正精進）することによって得られる正念と正定を定学、正念・正定によって得られる正見を慧学としていますから、まさしく戒学は仏道実践の根幹であったことになります。その戒法を説くものが「説戒」でした。これについて『大方広仏華厳経』（大正一〇・二五六・下）には、説業・説報・説行・説喜・説安・説諸三昧とともに「説戒」が示されており、「戒法を説く」ことを説戒としていたことが分かります。ところが、これが『五分律《ごぶんりつ》』になると、十五日ごとの「布薩《ふさつ》」（説戒）となります。布薩は、十五日ごとに修行僧を集めて戒律の条文を読み聞かせ、半月間に戒を犯さなかったか否かを確認させ、犯した者に犯戒の事実を表明させることにより、善事増長と悪事除滅をはかるものでした。事の起こりは、外道《げどう》の沙門《しゃもん》・婆羅門《ばらもん》が一か月の間の八日・十四日・十五日ごとに一処に集まって布薩しているのを見た瓶沙王《ビンビサーラおう》が、仏弟子もそうしてみてはどうかと考えたことに起因しています。その思いを察知した釈尊が許可なさったことが『五分律』（大正二二・一二一・中）には記されています。かくして、一か月に一度、月の十五日に布薩という説戒がなされるようになった訳ですが、これを見ても説戒を核とする法会が仏道実践の一環だったことは明らかです。

修法《しゅほう》　最後に「修法」ですが、法会の折りになされる修法は「密教作法による祈祷を柱」とするものです。要するに、口に真言を唱え、手に印を結び、心に仏菩薩のすがたを観ずる行そのものであり、国家または個人のために行なわれました。その根拠として想定されるものの一つに『不空羂索神変真言経《ふくうけんじゃくじんぺんしんごんきょう》』がありますが、そこでは「種族奮怒《ふんぬ》王真言」の後に、「密誦修法」（大正二〇・三一八・下）という密教作法による修法が示されています。しかし、修法は本来的には密教作法のみに限定されるものではありませんでした。たとえば『長阿含経《ぢょうあごんぎょう》』には、「空三昧《くうざんまい》・無相三昧《むそうざんまい》・無作三昧《むさざんまい》」（大正一・五三・上）を修法としているように、禅定の実践の意味あいで用いられていました。しかし、『秘抄《ひしょう》』の「後七日法」（大正七八・四九八・下）を見ると、日本では聖朝地久《しょうちょうちきゅう》・四海安寧《しかいあんねい》・万万成就《まんまんじょうじゅ》・五穀豊饒《ごこくほうじょう》を念じて行う鎮護国家《ちんごこっか》のための密教色の強い祈祷になっていきました。また、光宗《こうしゅう》の『溪嵐拾葉集《けいらんしゅうようしゅう》』（大正七六・五二九・下）になると、比叡山は顕密の御祈《ぎょき》をもって国家を護持する鎮護国家の道場であり、法相宗や三論宗等も仏法守護の神明《じんみょう》に守られていることをもって、広く八宗祈祷による鎮護国家のあり方が示されるようになります。この記述はいうまでもなく「王法仏法相依論《おうぼうぶっぽうそうえろん》」によるものですが、これをもとになされる「天変地震息災降伏《ごうぶく》等の御祈」は国家および民衆を災難から救済するものであった点を考えると、明らかに他者のためになされた利他行《りたぎょう》であったといってよいでしょう。したがって、修法を核とする法会もまた、仏道の一環としてなされたものだったのです。

以上のように、中国から伝来した仏教は、学問仏教として南都・北嶺で学ばれるとともに、公になされた六種の法会の形を取り、日本的に展開しました。これらの六種の法会は、儀礼を伴う国家安寧のための営みであったと同時に、一人一人の僧侶にとってはいずれも仏道実践の性格を帯びたものだったのです。それがより鮮明に出るのが、今一つの法会ともいうべき「講式《こうしき》」を核とした講式法会でした。

講式法会《こうしきほうえ》　ニールス・グュルベルク氏の論稿「法会と講式――南都・北嶺の講式を中心として」（グュルベルク、二〇一八）には、「講は宗教的な共通目的のために集まった道心の集団」「講会は講の目的の再確認やメンバーの結束強化のために定期的に行われた法会のような儀式」「講式は講会の際に行われる儀式の流れを書き留めたもの」という定義付けがみられます。また、講式の原点が天台宗源信《げんしん》（九四二―一〇一七）の『横川首楞厳院二十五三昧式《よかわしゅりょうごんいんにじゅうござんまいしき》』にあったこと、その九十年後に出た三論宗永観《ようかん》律師（一〇三三―一一一一）によって講式が大きく発展したことなども明らかにしています。以降、種々の講式が作られるのですが、南都において最も多くの講式を作成したのが解脱房貞慶《げだつぼうじょうけい》という学侶でした。その中の『弥勒講式《みろくこうしき》』には、次のように述べられています。

宿世《すくせ》の機縁に依り、既に上生《じょうしょう》を遂ぐ。見仏聞法《けんぶつもんぼう》、須《すべか》らく勝位に進むべし。（中略）賢劫星宿《けんごうせいしゅく》、諸仏に歴仕し、住《じゅう》・行《ぎょう》・向《ごう》・地《ぢ》と漸次増進し、遂に花王《けおう》の宝座に昇り、宜《よろし》く大覚の尊号を受くべし。

（大正八四・八八九・中〜下）

すなわち、弥勒の浄土に生まれることによって仏道の流れに入り、現在（賢劫《けんごう》）から未来（星宿《せいしゅく》）に至るまで見仏聞法《けんぶつもんぼう》して諸仏に歴仕（歴事）し、十住《じゅうじゅう》・十行《じゅうぎょう》・十回向《じゅうえこう》・十地《じゅうぢ》と菩薩の階位を漸次に進み、ついには花王の宝座に座して大覚の尊号を受くべき道、仏陀（華王の宝座に座す大覚）となるべき道が示されているのです。「講式」を核とする法会は日本独特のものですが、この法会を通して学侶《がくりょ》としての研鑽を永く積んだ学侶の目指したものが仏道（行）であったことは、右の貞慶の言葉でも明らかでしょう。この点では、インドから中国へと伝えられた仏教の本質を正しく受け継ぐものだったといってよいでしょう。このような諸仏の加被《かび》によって浄土に往生して仏道を実践するあり方は、南都ではもちろんのこと比叡山（北嶺）でも行なわれました。しかし、その中からやがて法然《ほうねん》・親鸞《しんらん》が現れ、加被《かび》を超えた絶対他力《ぜったいたりき》による衆生救済の道が示されるようになるのです。

（楠　淳證）

五　北嶺の行—四種三昧と浄土教—

教相と観心

最澄《さいちょう》（七六六／七六七—八二二）は入唐求法《にっとうぐほう》により円・密・禅・戒の四宗、つまり法華の教え、密教の教え、禅の教え、大乗の戒律を相承します。それは、中国天台の開祖であった天台大師智顗《ちぎ》（五三八—五九七）の教説に基づくものでした。智顗は『法華玄義《ほっけげんぎ》』『法華文句《ほっけもんぐ》』『摩訶止観《まかしかん》』のいわゆる天台三大部を説き、これを弟子の灌頂《かんじょう》（五六一—六三二）が筆録しました。

『法華玄義』には、「智目・行足、もて清涼池《しょうりょうち》に到る」（大正三三・七一五・中）という有名な言葉があります。智慧の目（教）と行《ぎょう》の足（観）をもって清涼池である「悟りの境地」に到ることを意味した言葉です。この教と観は、「教観二門」「教観双美《そうび》」といい、教は教相《きょうそう》で教え、観は観心で実践を意味し、教えと実践が揃って美となるといわれています。それはまた、鳥の両翼・車の両輪に譬えられ、この二者が一致している点に天台の特徴があります。これを天台三大部でいうと、『法華玄義』『法華文句』が教相であり、『摩訶止観』が観心になるのです。

最澄は延暦二十四年（八〇五）五月に帰朝しますが、その翌年の延暦二十五年に天台法華宗としての上表により、最澄門下の二名が年分度者《ねんぶんどしゃ》の許可を受け、朝廷より認められた僧侶となりました。そのうちの一人は『摩訶止観』による止観業を修し、もう一人は『大毘盧遮那経《だいびるしゃなきょう》』による遮那業、つまり真言密教を修するよう定められました。そして、大同五年（八一〇）には年分度者八名が許可され、『摩訶止観』に説かれる四種三昧《ししゅざんまい》を修める行者が出るようになりました。四種三昧とは、常坐三昧《じょうざざんまい》・常行三昧《じょうぎょうざんまい》・半行半坐三昧《はんぎょうはんざざんまい》・非行非坐三昧《ひぎょうひざざんまい》をいい、最澄の在世中の弘仁三年（八一二）には法華三昧《ほっけざんまい》を修する法華三昧堂が建立され、仁寿元年（八五一）には円仁《えんにん》によって常行三昧を修する常行堂も建てられるに至りました。そこから比叡山の浄土教が進展していくのですが、その前に比叡山で行われる修行の厳しさを伝える「三大地獄の行」についてお話をいたしましょう。

山修山学の理念

もともと、最澄が比叡山を選んで修行し学んだのは、天台大師智顗の伝統に基づく「山修山学《さんしゅさんがく》」の理念によるものでした。これについて最澄の伝記である『叡山大師伝《えいざんだいしでん》』には、

我れ法華円宗の元由を尋ぬれば、初は霊鷲《りょうじゅ》、次は大蘇、後は天台なり。（中略）是の故に我が宗の学生は、初修の頃、まさに国の為め、家の為め、山修山学《さんしゅさんがく》して、有情《うじょう》を利益《りやく》し仏法を興隆すべし。

（『伝教大師全集』第五附録、三三頁）

とあり、仏陀（釈迦）によって『法華経』が霊鷲山《りょうじゅせん》で説かれ、天台大師智顗が大蘇山で慧思《えし》禅師から法を承けて天台山で究められたあり方を継承し、最澄もまた比叡山において山修山学して天台の仏法を究めようとしていたことが分かります。また、

先帝先皇の高蹤《こうしょう》を尋ねて、同じく後生後代の伝統を知り、先師の本願を捨てず山修山学の表をもって聖朝に奏す。

（『伝教大師全集』第五附録、四二頁）

とも記されていますので、山修山学の理念をもって先師の願いを後世に至るまで保持しようとしたことも読み取れます。天台大師は『摩訶止観』の中で止観の修行を行う環境の一つとして「閑居静処《げんごじょうしょ》」を挙げていま す。深山の静かな場所でこそ修行ができ、止観の実践によって智慧を得ることが可能となるのです。

自然の山なればこそ、比叡山にはそのような修行の道場が多々あるのです。そのような比叡山での修行生

活は、「論《ろん》・湿《しつ》・寒《かん》・貧《ぴん》」と称されます。湿度が高く冬の寒さはいうまでもない厳しい山中において、清貧の環境の中で仏教を学ぶことを意味しています。その修行の厳しさを表現した言葉が、俗にいう「三大地獄」です。

三大地獄の行

三大地獄とは、いわゆる「掃除地獄」「看経《かんきん》地獄」「回峰《かいほう》地獄」といわれるもので、それぞれ「浄土院《じょうどいん》での籠山行」「横川中堂《よかわちゅうどう》での看経行」「三塔《さんとう》を拠点とする千日回峰行」のことです。比叡山には、「動の行」と呼ばれる千日回峰行に対して「静の行」と称される十二年籠山行《ろうざんぎょう》がありますが、この行が「掃除地獄」と呼ばれる荒行なのです。行場となるのは浄土院《じょうどいん》です。浄土院は伝教大師最澄の廟所のあるところで、今も生きておられると仰ぐ生身の伝教大師に対して、行者は毎日お給仕します。伝教大師のお姿「真影《しんねい》」に侍るので「侍真《じしん》」といい、籠もる僧を「籠山比丘《ろうざんびく》」といいます。その籠山する期間が十二年であり、籠山比丘はその間、境内から一歩も出ることなく、読経・献膳・五体投地・学問研鑽・境内掃除を続けます。もちろん、テレビを見ることもありません。特に難関は境内清掃です。木の葉一枚落ちていない状態にしておかなければなりません。そこで、十二年籠山行はまた、「掃除地獄」の名でも知られているのです。

この十二年籠山僧になるための前段階の修行に、好相行《こうそうぎょう》というものがあります。『三千仏名経《さんぜんぶつみょうきょう》』を開いて三世（過去・現在・未来）にわたる三千仏の名前を唱え、一仏ごとに五体投地《ごたいとうち》（両手両足と額を大地につけ立ち上がり礼拝する）し、一礼ごとに香をたき華を散らし鐘を打つ。この三千回にわたる礼拝行を毎日続け、その間に仏の姿（好相）を感得した者が籠山行に入るのです。好相行は仏の三十二相八十種《そう》好《しゅこう》を行者の目ではっきりと見ることを目標にしています。その見仏体験を得るまで好相行が続けられます。行者の中には一年以上も続けられるお人もあるようです。そして、見仏体験があった行者は師僧に報告します。師僧はそのことを仔細に点検したうえで、好相と認めたらすぐに天台座主に報告することになっています。前段階の修行でさえ過酷なのですから、十二年籠山行の厳しさがよく分かります。このような伝承が脈々と今日まで続いているのが比叡山の修行なのです。

比叡山の行における三大地獄の第二は、看病地獄《かんきん》です。円仁によって開かれた横川《よかわ》は、慈恵《じえ》大師良源《りょうげん》（九一二―九八五）が出ると論義をもって天台学の興隆をはかるようになりました。その横川の中心が四季講堂（横川中堂《よかわちゅうどう》・元三大師堂《がんざんだいしどう》）であり、良源の教えにのっとって朝夕の日課勤行を厳格に勤めました。その経典読誦を看経《かんきん》といい、朝から晩まで明け暮れなく経を読む厳しさから、俗に「看経地獄」と呼ばれているのです。比叡山では現在でも朝夕の勤行時に論義がなされ、『法華経』読誦とともに密教の真言を唱え、論義と看経行が一体となって修されています。清原恵光氏の「天台の論義と看経行」（清原、二〇一二）によれば、この論義は天台大師智顗への報恩会《ほうおんえ》として、最澄が延暦十七年（七九八）に「法華十講」として始めたものであるといいます。それ以来、続いているのです。

比叡山で行なわれる第三の三大地獄の行が、「動の行」とも称される千日回峰行《せんにちかいほうぎょう》です。千日回峰行は、相応和尚《そうおうかしょう》（八三一―九一八）が創始した歩行禅《ほこうぜん》としての行であり、三塔それぞれで行なわれました。この行は、不動明王《ふどうみょうおう》と一体となる境地を目指し、千日を七年かけて歩きます。定められた日程に従い、体調や天候に関わらず夜半の一時頃に比叡山の坊舎を出発します。最初の一年から三年目は、一日に七里半（三十キロメートル）の道のりを歩きます。比叡山の二百六十箇所に及ぶ礼拝すべき場所を先達《せんだち》の手文のメモを頼りに歩くのですが、その際の行者の姿は行者笠・裸足・神僧の姿・腰ひも・白布・短刀・蓑・小田原提灯《ちょうちん》・八目の草鞋《わらじ》です。まさに死を覚悟した姿であり、短刀は余儀なく中断した際の自害用でした。現在は法律上、腰紐のみとなりましたが、この腰紐も余儀なく中断した際には首を括って死に果てる覚悟の自害用でした。このような装束をつけて行者は、まずは一年に百日、三年かけて三百日を歩きます。四年目と五年目は二百日を歩き、合計七百日となります。七百日が終わると堂入《どうい》り行があります。明王堂に九日間籠り、断食・断水・不眠・不臥を実践するわけですから、命に関わる行といえます。雨の日は毛穴を通して水分が身体に入るのを感じるそうです。この行が終わると当行満阿闍梨《とうぎょうまんあじゃり》になり、生身の不動明王になったとされます。堂入り以降の行は自分のためではなく、生きとし生きる者のための利他行として行ないます。これは最澄の「己を忘れて他を利するは、慈悲の極みなり」の精神です。そして、六年目になると一日十五里（六十キロメートル）を百日間歩きます。七年目は赤山禅院《せきざんぜんいん》から京都市内を一周する行程が加えられ、一日に二十一里（八十四キロメートル）を歩かねばなりません。いわゆる「京都大回り」と呼ばれるもので、二十時間ほどかかるそうです。そして、最後の百日は初心に帰る意味で、比叡山の道を七里半歩きます。しかし、最後は九百七十五日で終了し、残りの二十五日間は一生涯の修行として残すのです。そこには増上慢を防ぐ意味があります。こうして千日回峰行者は、北嶺大行満大阿闍梨《ほくれいだいぎょうまんだいあじゃり》となるのです。千日回峰行にはまさしく、最澄の『山家学生式《さんげがくしょうしき》』に示された菩薩僧の理念が受け継がれているといってよいでしょう。

四種三昧

比叡山には、このような三大地獄と呼ばれる厳しい行がありますが、しかしながら、その根幹は四種三昧《ししゅざんまい》にあるといってよいでしょう。既にお話したように、天台の法門は「教観二門」といって教相《きょうそう》と観心《かんじん》の二門よりなります。観心は『摩訶止観《まかしかん》』に代表されますが、そこでは多数にのぼる天台の行法が体系的に四種にまとめられています。それが常坐三昧《じょうざざんまい》・常行三昧《じょうぎょうざんまい》・半行半坐三昧《はんぎょうはんざざんまい》・非行非坐三昧《ひぎょうひざざんまい》の四種三昧ですが、このことは既に智顗の『摩訶止観』巻第二上（大正四六・一一上）に、明確に説かれています。濱島正士氏の「浄土信仰と法華経信仰」（濱島、一九八九）によれば、最澄在世中の弘仁三年（八一二）に半行半坐三昧の内の法華三昧を修する法華三昧堂が東塔の一乗止観院（根本中堂）の西に建立され、次いでその近くに唐より帰った円仁によって仁寿元年（八五一）に常行三昧堂が建立され、数十年後に両堂が講堂の北側に移転されたといいます。また、西塔にも天長二年（八二五）に円澄《えんちょう》（七七二―八三七）によって法華三昧堂が建立され、寛平五年（八九三）には増命《ぞうみょう》（八四三―九二七）によって常行三昧堂が建立され、十世紀に入ると横川にも法華三昧堂と常行三昧堂が建立されたといいます。それほどに比叡山では四種三昧行が重視されていたのです。では、四種三昧行とは具体的には、どのような行だったのでしょうか。

まず、第一の常坐三昧についていえば、この行は九十日間にわたって一仏に向かって坐り続ける行です。典拠は『文殊説般若経《もんじゅせつはんにゃきょう》』『文殊問般若経《もんじゅもんはんにゃきょう》』に依ります。一仏は唐の湛然《たんねん》（七一一―七八二）以降、阿弥陀仏が本尊となりました。

第二の常行三昧は『般舟三昧経《はんじゅざんまいきょう》』に基づく行法で、仏が行者の目の前に立つ見仏体験を得ることから「仏立三昧《ぶつりゅうざんまい》」とも称します。一人の行者が九十日間を一期として、お堂の中心に位置する阿弥陀仏の周りを四六時中、行道する修行法です。身体は絶えず歩き、口には常に阿弥陀仏の名を唱えて、心には常に阿弥陀仏を念じ、休まず続けなければなりません。『摩訶止観《まかしかん》』には「仏を見ることは澄み切った夜に星を見るようだ」（大正四六・一二上）と述べられています。また、常行三昧について『摩訶止観』には、「九十日間にわたって、身は阿弥陀仏の周りを行道し続け、口は唱名を絶やさず、心には常に阿弥陀仏を念じ続けよ」（大正四六・一二中）と説いています。これによって、行者の心身が阿弥陀と一体となったとき、見仏ができるようになる。それが「止観念仏」なのです。

止観念仏とは、「止」は心の散乱を静めて、それによって正しい智慧を起こし、「観」はそこから対象を客観的に真理に即して正しく観察することです。智顗の説いた止観念仏は定中における見仏を目的にしており、般舟三昧《はんじゅさんまい》による念仏にほかなりませんでした。この念仏は、中国においては早くは廬山《ろざん》の慧遠《えおん》（三三四―四一六）によって修され、禅定による観想の念仏として説かれてきました。このような観想念仏は原則として常行堂で実践されるものです。ところが承和十四年（八四七）に帰朝した円仁《えんにん》は五台山より伝えた五会念仏（五音の曲調にのせて修する念仏）をもって常行三昧を実践しました。この点については後で詳説します。

さて、四種三昧の第三は半行半坐三昧です。これは坐禅と行道を組み合わせてする行です。これには『方等三昧行法《ほうどうざんまいぎょうほう》』による方等三昧と『法華経』による法華三昧《ほっけざんまい》があり、法華三昧が比叡山に伝えられました。法華三昧は二十一日間を一期として、『法華経』に基づいて坐禅や読誦を実践しますので、本尊は『法華経』です。

第四の非行非坐三昧は他の三種の三昧以外の行住坐臥のすべての行を指します。「覚意三昧《かくいざんまい》」や「随自意三昧《ずいじいざんまい》」などで、日常の生活全般を修行によって高める行になります。

五会念仏　以上のような四種の行が智顗の『摩訶止観』に説かれていますが、これらはみな止観念仏であり、その目的は定中の見仏にありました。これに対して、比叡山に伝えられた今一つの念仏である五会念仏《ごえねんぶつ》は、音楽的音声法による念仏でした。創始したのは、八世紀後半に活躍し、善導（六一三―

六八一）の教学を継承したことで「後善導《ごぜんどう》」とも称される法照《ほっしょう》禅師です。法照は南嶽《なんがく》（衡山《こうざん》）弥陀台で修行中に、阿弥陀仏との間で感応道交《かんのうどうこう》する神秘的な修行体験をして弥陀親授の法を体得し、永泰二年（七六六）四月以降は毎年夏の九十日間、般舟念仏三昧（観想念仏）を修しました。その体験をもとに、『無量寿経』の宝樹荘厳《ほうじゅしょうごん》段から道場樹荘厳《どうじょうじゅしょうごん》段に典拠をおいた五会念仏という音楽的音声法による念仏を創始したのです。そして、法照は大暦五年（七七〇）頃に五台山竹林寺《ごだいさんちくりんじ》を創建し、その道場を中心に五会念仏を盛んにしていきました。法照が朝廷の帰依を受け章敬寺《しょうきょうじ》に入り著した『浄土五会念仏略法事儀讃《じょうどごえねんぶつりゃくほうじぎさん》』（略本）には、

清風《しょうふう》発する時、五会《ごえ》の音声《おんじょう》を出す。微妙《みみょう》なる宮商《きゅうしょう》、自然《じねん》に相和す。
（大正四七・四七六上〜下）

と記されています。要するに「五会念仏」は、『観無量寿経』あるいは『阿弥陀経』を読誦した後に、宮《きゅう》・商《しょう》・角《かく》・徴《ち》・羽《う》の五音階に緩急の速さをつけて念仏を唱える口称《くしょう》を作法とするものです。したがって、この念仏思想は善導流浄土教の口称念仏が中心となる西方願生を説くものでした。その後、太原《たいげん》地方に赴いた法照は、龍興寺《りゅうこうじ》において『浄土五会念仏誦経観行儀《じょうどごえねんぶつじゅきょうかんぎょうぎ》』（広本）を著しています。法照在世当時の唐代中期の浄土教の傾向は、各宗融和にありました。その影響を受けて法照もまた、天台・華厳・律・禅・真言などの諸教義を矛盾なく受け入れた諸教融合の浄土教を説いたとみられます。このような法照の五会念仏を日本にもたらしたのが、円仁でした。

円仁将来の五会念仏

比叡山の横川を開創した円仁は求法のため、承和五年（八三八）に天台山に向け

て出発するのですが、天台山への訪問が認められず、開成五年（八四〇）に五台山の竹林寺を訪れ、そこで十五日間滞在しました。この竹林寺こそ、法照が五会念仏を行じる道場とした寺院であり、当時も五会念仏が盛んに行われていました。ここで円仁は、五会念仏に出遇うことになるのです。

帰国した円仁は、早々に東塔《とうどう》の虚空蔵尾《こくうぞうお》に常行堂を創建し、五会念仏を常行三昧の名で修しました。既にお話しましたように、常行三昧とは本来、『摩訶止観』に説く止観念仏を修するものですが、源為憲《ためのり》の『三宝絵詞《さんぼうえことば》』（九八四）には、五会念仏と止観念仏とが混同して用いられています。元来、最澄が伝承した止観念仏は、此土入証《しどにっしょう》（この世で悟を得る自力の法）を前提とした常行三昧でした。一方、円仁が伝承した五会念仏は、西方願生《さいほうがんしょう》（西方浄土に往生する救いの法）の行法になります。しかしながら、五会念仏は法照が般舟三昧中に体得した弥陀親授の行法でしたから、般舟三昧行という点で止観の常行三昧と通じるところがありました。一方で、止観念仏を説いた天台智顗にも、西方願生の浄土教への信仰がありました。このような来由《らいゆ》がありましたので、相異なる二つの念仏思想が同じ常行堂で矛盾することなく修せられ、二本の縄が束ねられ一本の綱となるように、両者が一体となって行じられたと理解されています（佐藤、一九七九）。この悟りと救いの二種類の念仏思想は、やがて百年余り後に源信《げんしん》の『往生要集《おうじょうようしゅう》』によって体系的に一体化した念仏思想として説かれるようになります。

源信の『往生要集』

源信（九四二―一〇一七）は大和《やまと》の国の当麻《たいま》に生まれ、九歳で比叡山に登り、十三歳で得度受戒して良源《りょうげん》に師事し、顕教・密教の教えを究めました。学徳が優れたことで知られる源信は世俗の名利を捨てて、横川《よかわ》に隠棲しもっぱら著述に専念します。数多くの著作がある中でも、源信の主著は

『往生要集』であるといってよいでしょう。日本浄土教の金字塔として後世に大きな影響を及ぼした書です。永観二年（九八四）十一月に『往生要集』の執筆を始め、寛和元年（九八五）四月、源信四十四歳のときに完成します。往生浄土の念仏一門によせて、種々の経典論書（一切経）から源信が九百六十余りの引用を重ねて自説を盛り込み編纂したものが『往生要集』でした。

『往生要集』は全体を十門に分け、第一厭離穢土《えんりえど》、第二欣求浄土《ごんぐじょうど》、第三極楽証拠《ごくらくしょうこ》、第四正修念仏《しょうじゅねんぶつ》、第五助念方法《じょねんほうほう》、第六別時念仏《べつじねんぶつ》、第七念仏利益《ねんぶつりやく》、第八念仏証拠《ねんぶつしょうこ》、第九往生諸業《おうじょうしょごう》、第十問答料簡《もんどうりょうけん》より構成されています。初めの三門において、苦悩の娑婆世界を厭い離れ、浄土を欣求すべきことが示されています。さらに、浄土とは十方浄土や兜率天などではなく極楽浄土であると定め、後の六門で極楽浄土への往生の業因について種々の方面から説き明かしています。この著作の中心となるのが、念仏往生の実践方法を説いている大文第四の正修念仏門であり、礼拝《らいはい》・讃歎《さんだん》・作願《さがん》・観察《かんざつ》・回向《えこう》の五念門の形式に分けて説かれています。特に、第四の観察門において念仏修行の具体的方法が説かれているので、これが本書の中心といえます。観察というのは、如来の相好を行者が観察することですが、源信は行者おのおのにおいて修行しやすい方法で観相することを勧めています。そして、「別相観《べっそうかん》・総相観《そうそうかん》・雑略観《ぞうりゃくかん》」の三観（『恵心僧都全集』一・九四）を説きました。すなわち、第一の別相観では、仏の蓮華座《れんげざ》と相好《そうごう》（身体的特徴）を個々に観相すること、つまり阿弥陀仏の姿の特色を頭頂部から足裏まで十六往復して観相するよう説きます。一般には、仏は三十二相八十種好《さんじゅうにそうはちじっしゅこう》の特徴をもって説かれますが、源信はこれを四十二相として説きます。次に、第二の総相観ですが、これは阿弥陀仏の全身の姿をまるごと総合的に捉えて観察《かんざつ》するものです。これに続いて第三の観法として雑略観が説かれます。この雑略観は主に白毫観《びゃくごうかん》として示されます。すなわち、「渦巻く白毫から絶妙な光明が放たれ、その光明の中に一切の仏がましまます様子を観察するもの」（『恵心僧都全集』一・一〇八—一〇九）です。また、親鸞（一一七三—一二六三）が注目して『教行信証』「正信偈」に引用した「大悲による衆生の摂取」（大悲無倦常照我）も説かれています。さらには、相好を観察することができない行者に対して示された極略観《ごくりやくかん》において、源信は「三想一心《さんそういっしん》の称念」を説いています。これは、帰命《きみょう》の想、引摂《いんじょう》の想《そう》、往生《おうじょう》の想により、行者はただ一心に称念すべきことを勧めるものです。

このように『往生要集』には、観相とは異なる「大悲」や「称念」なども説かれており、むしろそれこそが『往生要集』の核心であると捉えた僧がいました。それが法然聖人（一一三三—一二一二）であり、親鸞聖人だったのです。すなわち、法然は『往生要集』を称名中心に解釈し、四種の『往生要集』注釈書を著して称名念仏（本願念仏）を勧めました。また、親鸞は法然の導きによって浄土教に帰依するや、『往生要集』の「大悲無倦常照我身」にあらためて感動をおぼえ、これを自著である『教行信証』「正信偈」の中で讃えました。

以上のように、比叡山の常行堂を中心に展開した念仏思想は、鎌倉期に入って大きく進展するに至りました。大乗仏教の展開において般若思想の系統に般舟三昧がありますが、これは自力修行によって悟りを開く法門であり、三昧によって阿弥陀仏を見る「見仏の行法」といえるものでした。これに『無量寿経』等の他力救済を説く思想が加わり、源信に至って両思想の融合的な展開が生じたのです。その後、その中の他力救済の面に着目して新展開をみたのが、法然・親鸞の思想であったと考えられます。

（道元徹心）

六　むすび

日本に仏教が伝来したのは奈良（南都）の地でした。南都六宗に所属する僧侶たちは、学問を専一にする中で仏道を求め、ある者は官に身を置きながら、ある者は遁世して、僧侶である本分を全うしました。そのあり方は北嶺（比叡山）の僧侶も同様であり、学問して仏教の要義を知り、道を求めました。学問僧《ものならうほうし》による命を賭した求法の旅によって持ち帰られた教えは、広く学侶によって学ばれましたが、なおも疑義の生じたものは中国へ書を送って問い、中国僧による答文が「唐決《とうけつ》」などの形で日本にもたらされました。これらを鑑みると、奈良・平安の時代はまさに活発な国際交流の時代であったといってよいでしょう。その成果が、海外に出ることのない学侶たちにも、大きな叡智を与えることになりました。かくして、奈良・平安の時代を経て鎌倉時代に至るや、法然・親鸞・栄西・道元・日蓮らによる新たな仏教の胎動が起こることになるのです。これらの祖師にも関わる平安時代の「祖師忌」の形成と展開についてはコラムで明らかにしましたが、本編では次の第二章において特に、鎌倉時代の親鸞浄土教に焦点をあて、比叡山での浄土教の展開が鎌倉時代以降になると、どのような姿を見せるのかについて、論を進めていくことになります。

なお、奈良・平安の時代の世界観は、主にインド・中国・朝鮮・日本を中心とする仏教的世界観でした。その日本の学侶の中には、仏陀（釈迦）が出現なさったインドの地への渡航を志した者まであらわれました。そのような中で、一四〇二年になって李氏朝鮮で『混一疆理歴代国都之図《こんいつきょうりれきだいこくとのず》』（龍谷大学図書館蔵／現存する世界最古の地図）が作成されました。その中に描かれた日本の図は、「行基《ぎょうき》式日本図」と呼ばれる絵地図がもとになったとみられており、行基（六六七―七四九）の時代に既に学侶によって世界の再認識がなされつつあったことが知られます。これもまた、奈良・平安時代の国際交流によって得られた成果の一つではなかったかと思われます。詳細はコラムをご参照ください。

（楠　淳證）

参考文献

淺田恵真『往生要集講述』永田文昌堂、二〇〇八年
大久保良峻編『山家の大師 最澄』吉川弘文館、二〇〇四年
大久保良峻編著『天台学探尋』法藏館、二〇一四年
梯信暁『奈良・平安期浄土教展開論』法藏館、二〇〇八年
北畠典生『往生要集綱要』永田文昌堂、一九九一年
清原恵光「天台の論義と看経行」道元徹心編『天台――比叡に響く仏の声』、自照社出版、二〇一二年、二四〇―二四五頁
楠淳證編『唯識――こころの仏教』自照社出版、二〇〇八年
楠淳證編『回峰行と修験道』法藏館、二〇一六年
楠淳證編『南都学・北嶺学の世界――法会と仏道』法藏館、二〇一八年
楠淳證・舩田淳一編『蔵俊撰『仏性論文集』の研究』龍谷大学アジア仏教文化研究叢書、法藏館、二〇一九年
楠淳證『貞慶撰『唯識論尋思鈔』の研究――仏道編』法藏館、二〇一九年
佐藤哲英『叡山浄土教の研究』百華苑、一九七九年、三四―三五頁
塩入法道・池田宗讓編『天台仏教の教え』大正大学出版会、二〇一二年

島地大等『天台教学史』中山書房、一九七六年
永村眞「中世興福寺の学侶教育と法会」楠淳證編『唯識――こころの仏教』自照社出版、二〇〇八年
長尾雅人『仏教の源流――インド』大阪書籍、一九八四年
ニールス・グュルベルク「法会と講式――南都・北嶺の講式を中心として」楠淳證編『南都学・北嶺学の世界――法会と仏道』法藏館、二〇一八年
濱島正士「浄土信仰と法華経信仰」『図説日本の仏教・三・浄土教』新潮社、一九八九年、二十七頁
平川彰『インド・中国・日本　仏教通史』春秋社、一九七七年、一八五頁
柳澤正志『日本天台浄土教思想の研究』法藏館、二〇一八年
道元徹心編『天台――比叡に響く仏の声』自照社出版、二〇一二年
頼富本宏『日中を結んだ仏教僧』農山漁村文化協会、二〇〇九年、四〇頁

コラム①

南都・北嶺の祖師忌—東アジア仏教儀礼の視点から—

◆中国仏教における忌日文化の成立

現在、日本の各宗派では宗祖の示寂日（命日）に「祖師忌《そしき》」、あるいは各寺院では創建（開山）した僧侶の示寂日に「開山忌」が行われています。一般的には「遠忌《おんき》」といい、宗祖・開山祖師の肖像彫刻や肖像画を奉安し、和讃などで報恩を述べる儀礼です。そして、こうした文化は、身近な人が亡くなった日（命日）にその人を懐かしみ、冥福を祈る「忌日」として広く定着してまいりました。

このようにわれわれとなじみ深い忌日ですが、実は阿難《あなん》や目連《もくれん》などの十大弟子をはじめ龍樹《りゅうじゅ》や世親《せしん》などの名だたるインドの高僧たちの示寂日が伝わらないことからも、インドに忌日文化は存在していません。

一方で、中国の一部の高僧は示寂日が知られ、既に隋時代に忌日儀礼が行われていました。古代中国の『礼記《らいき》』に「忌日には必ず故人の死を哀しみ、（祭礼で）故人の名（諱《いみな》）を口にするときは、まるでその人を目の当たりに見ているように」とあるように、本来忌日は儒教の儀礼であり、インドから伝来した仏教が中国で定着する際に儒教の影響を受けて展開した文化の一つでした。ただし、本来的に忌日には、追善・追福の概念はありませんから、六道輪廻《ろくどうりんね》や施餓鬼《せがき》、盂蘭盆《うらぼん》などのインドから伝来した仏教思想との影響関係の中で成立した儀礼文化といえます。したがって、古代日本では忌日は仏教の追善文化の一つとして受容されました。

図１　鑑真和上坐像
（唐招提寺蔵）

◆古代日本仏教における祖師忌儀礼文化の受容と展開

日本に祖師忌儀礼をもたらしたのは、渡来僧の鑑真《がんじん》（六八八－七六三）一行でした。弟子の法進《ほうしん》（七〇九－七七七）は『梵網経《ぼんもうきょう》』の教説に基づいた中国式の葬送・忌日儀礼を行っています。唐代では父母・師僧が亡くなると「追福報恩」のために、初七日から七七日、六十日間の七斎《しちさい》、百日、一周、二周、除祥《じょしょう》（三周忌）に供養するといい、鑑真示寂日（五月六日）には「忌会《きえ》」を欠かさず行っていました。こうした日には、大乗経典や戒律の読経と講説《こうぜつ》（講会）・斎会《さいえ》（僧侶に食事を供養すること）の儀式が行われていました。鑑真は、死後に自身の肖像を安置する「影堂《えいどう》」の造営を命じましたが、そこに安置された肖像こそが鑑真和上坐像（八世紀、図１）であり、同像が忌日儀礼の本尊であったと考えられます。このように祖師忌や忌日文化の日本への導入は、唐僧鑑真一行によるものと考えてよいでしょう。

つづけて、比較的早くに日本天台宗が忌日儀礼を開始しています。天台大師智顗《てんだいだいしちぎ》に対する忌日儀礼は、円仁《えんにん》（七九四－八六四）が唐地で実見した儀礼に基づき、「天台大師忌次第式《しだいしき》」を作成しました。それによれば、正忌日までの十日間、諸寺院所属の僧侶を招聘して『法華経』の講会を行い、当日には衆僧が堂に集まり、智顗・慧思《えし》・「天竺悉曇日本国中、真言止観大師等」に頂礼《ちょうらい》し、仏名《ぶつみょう》を称えた後に献茶を行い、「祭智

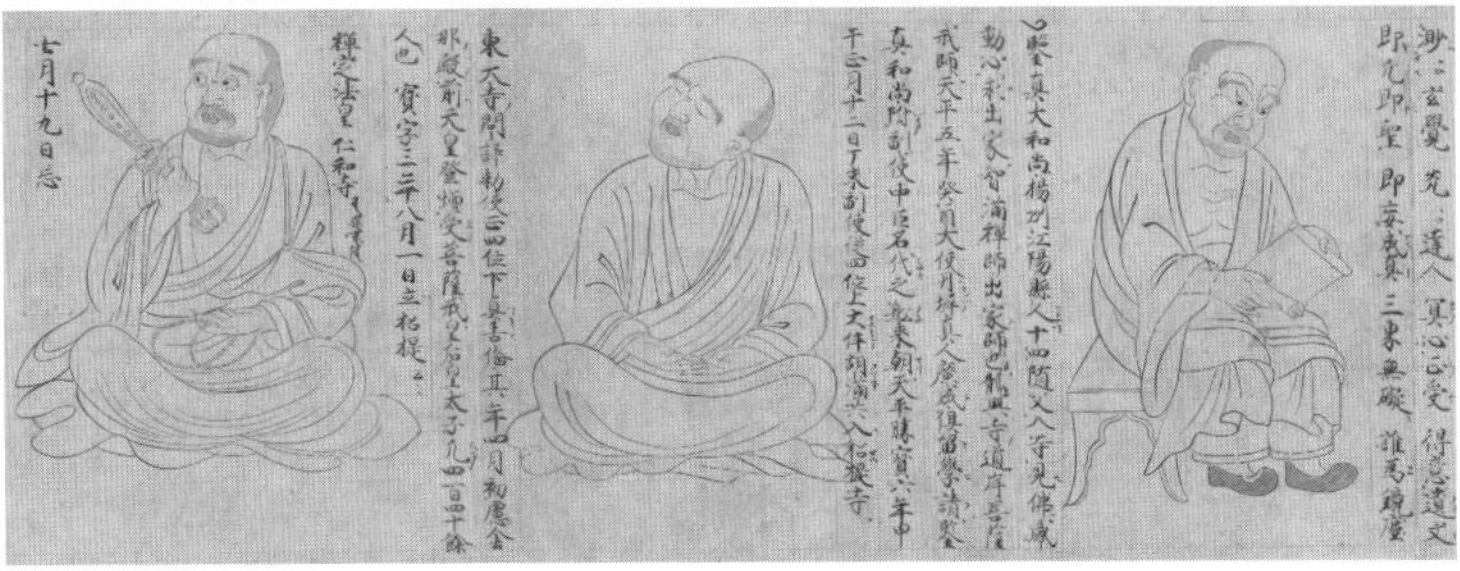

図２　先徳図像（部分。宇多天皇・鑑真・恵能）
（東京国立博物館蔵、Image：TNM Image Archives）

者大師文」と「画讃《がさん》」を読み上げるものでした。「画讃」とは肖像画に付された讃であり、肖像画が儀礼本尊として用いられたことが分かります。讃とは人や事物をほめたたえる韻文のことで、古く『文選《もんぜん》』に「像を図《えが》きては則ち讃興《おこ》る」とあるように、画像と密接な関係にありました。

延暦寺《えんりゃくじ》の智顗忌日儀礼は円仁や円珍《えんちん》たちによって徐々に整理されていきました。注目すべきは、智顗の儀礼にも関わらず、インド・中国・日本の諸宗の高僧達も供養することです。円仁は、そうした儀礼を唐で見聞することで、諸高僧画像や「天台等真影讃　一巻」（円仁『入唐新求聖教目録』）などを持ち帰っています。

これらは現存しませんが、インド・中国・日本の諸祖師（十大弟子、訳経僧、天台諸祖師、達磨《だるま》、道宣《どうせん》、玄奘《げんじょう》、行基《ぎょうき》、聖徳太子《しょうとくたいし》など）を描く『高僧図像《こうそうずぞう》』（十二世紀、仁和寺）、または真言僧を中心とした『先徳《せんとく》図像』（十二世紀、東京国立博物館、図２）の一部には示寂日（忌日）と讃をともなう祖師画像例が認められます。本図像は、入唐僧がもたらした「祖師影《えい》」「真影讃《しんえいさん》」類を模写し、そこに日本諸祖師を加えたものといえ、釈迦から「現在」へとつながる仏法の流れ（法流）を意識した図巻と考えられます。

◆忌日儀礼文化からみた南都・北嶺の交流

九〜十一世紀には、延暦寺の最澄《さいちょう》忌日（六月会）、慈恩《じおん》大師の忌日儀礼（慈恩会）、東大寺の鑑真忌が始まるように、諸寺院でさまざまな祖師忌儀礼が行われるようになります。慈恩会でも経典の講説や論義《ろんぎ》問答が忌日前十日間行われているように、延暦寺の霜月会《しもつきえ》（智顗忌日講会）や諸寺の法会に出仕した南都僧が、その創設に関与したと思われます。藤原鎌足《ふじわらかまたり》の忌日に行う『維摩経《ゆいまきょう》』の講説も同じく講会（維摩会《ゆいまえ》）であったように、忌日に大乗経典を読誦・講説することは、鑑真一行が重視した『梵網経』の教説に基づく報恩の儀礼であり、その教説は古代日本仏教儀礼や社会に多大な影響を及ぼしたといえるでしょう。

一般的に遣唐使の廃止（八九四年）によって平安仏教は日本独自に展開するとされますが、実際は大陸から引き続き文物がもたらされ、それが規範となり仏教の思想・儀礼・文化に影響を与えています。中国宋代（十世紀）に入ると、天台僧が中心となって当時の儒教儀礼を積極的に導入し、師の行状と恩徳を述べる「礼讃文《らいさんもん》」という新しい忌日儀礼文化を生み出しましたが、十〜十二世紀の日本は、宋地から届く最新の文物を介して、新しい祖師像や諸高僧を顕彰する文化が伝わり、新たな祖師忌儀礼や講会の創始、または従来の講会・忌日の改変など、多様な祖師儀礼文化を展開していきます。

これまで平安時代の仏教思想を研究する立場からは、南都・北嶺や台密・東密の教学的相違面が強調されますが、祖師忌儀礼の「場」に出仕することによる両者の交渉とその相互の影響関係は、平安仏教の多様性を考えるうえで重要な視点といえるでしょう。

（西谷　功）

参考文献

荒見泰史「中国仏教と祖先祭祀」『宗教と儀礼の東アジア』勉誠出版、二〇一七年
榎本渉『僧侶と海商たちの東シナ海』吉川弘文館、二〇一〇年
大谷光照『唐代の仏教儀礼』有光社、一九三七年
後藤昭雄『天台仏教と平安朝文人』吉川弘文館、二〇〇二年
西谷功「祖師像と宋代仏教儀礼――礼讃文儀礼を視座として」『アジア仏教美術論集　東アジアⅣ』中央公論美術出版、近刊

コラム②

最古の世界地図『混一図《こんいつず》』の作製背景

◆『混一図』　『混一図』とは、龍谷大学に所蔵される『混一疆理歴代国都之図《こんいつきょうりれきだいこくとのず》』（図1）の略称で、たて一三八七ミリ×よこ一六〇五ミリの絹本からなる、現存する最古の世界地図のことです。もちろん測量に基づく現代的な地図ではありません。中国と朝鮮半島が誇張されて大きく描かれた絵地図で、歴史地図の性格をあわせもつ世界図とも呼ばれるものです。そこには、日本列島が九州を上に倒立して描かれていることから、邪馬台国論争に関連して話題になりました（図2）。

最初の『混一図』は、一四〇二年に李氏朝鮮で作製されたといいますが、龍谷大学所蔵のものは一四八〇年代の改定版であろうと考えられています。それは、ヨーロッパの「大航海時代」の先駆けとなる時期にあたります。その頃、ヨーロッパからアフリカ、アジアを含む世界地図が東アジアで既に作製されていたことになります。とりわけアフリカの喜望峰を描き表わしているのは特筆すべきですが、あわせてイスラーム世界の地理情報がこの図に豊富に掲載されていることは早くから知られています。そののち、アジア地域にある地名の多くが元朝の時代（一二七一―一三六八）の特徴を色濃く伝えているとして注目されるようになり、『混一図』研究は飛躍的に進展しました。

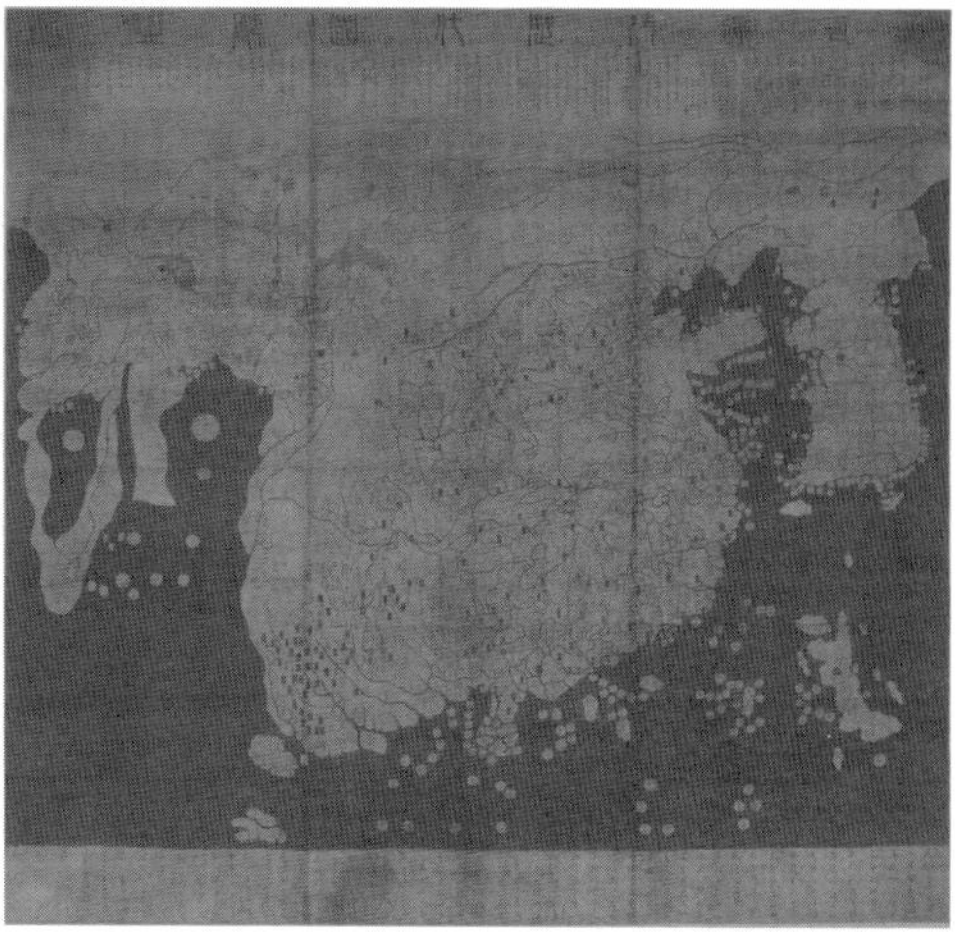
図１　『混一疆理歴代国都之図』
（龍谷大学図書館蔵）

かつて『混一図』は、経年の劣化によりほとんどの地名が判読不能の状態でしたが、ごく近年になってデジタル保存・修復の研究の進歩により、制作時代の原型がほぼ復元され、研究資料として再登場しました。それにより、朝鮮半島の地名の分析も進み、この図の製作年代はようやく絞られてきました。また、北方あるいは南方との海上交流およびモンゴル帝国やイスラーム世界などに関わる情報も従来より格段に精確さを増し、研究は新しい段階に進んでいます。

◆『混一図』の由来と仏教

『混一図』下部には、その由来について、李氏朝鮮初期の朱子学者である権近《ごんきん》（一三五二―一四〇九）の跋文《ばつぶん》を記しています。それによれば、作製者は同じ時代の人物である金士衡《きんしこう》、李茂《りぼう》および李薈《りわい》だとされています。彼らは、イスラーム系の地理情報により元朝末期に作製された李沢民《りたくみん》の『声教広被図《せいきょうこうひず》』という世界図と、元末明初の僧清濬《せいしゅん》（一三二八―一三九二）による『混一疆理図《こんいつきょうりず》』を合成し、それに朝鮮半島と日本列島を新たに書き直したと述べています。

そもそも、清濬と李沢民の地図を合成することは、同時代に中国でも別の人物によって既に行われていた

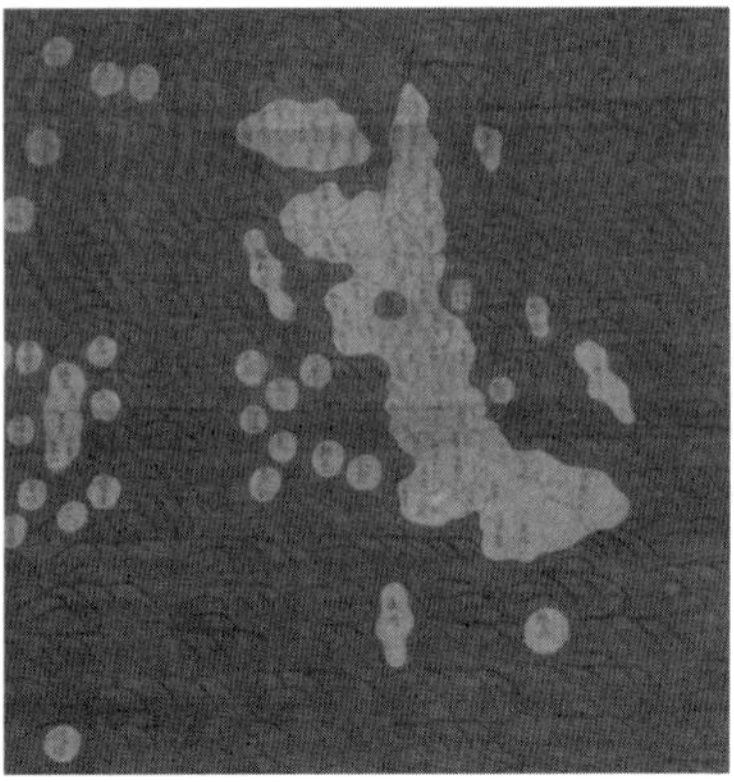

図２　『混一図』に倒立して描かれた日本

そうです。この時期までに、モンゴル帝国の活動により、イスラーム系の新知識が多く東方へもたらされました。そのため東アジア世界で、それまで重視されていた仏教的世界観に動揺が起こり、イスラーム系地理情報を踏まえたうえでの新しい説明が仏教系地図にも求められたに違いありません。そこに、仏僧である清濬の地図が主たる原資料の一つに採用された理由があります。

とはいえ、地図の作製および改定に際して天竺など仏教系地図の特徴が縮小されることは、実勢を反映する地図へ移行する過程に当然起こりうるとされています。ただ『混一図』には、その残影が各所に見えます。例えば図の上部には、歴代の中国王朝の首都についての記述があり、それは元朝の都である「大都」（今の北京）から始まります。その注釈として、仏図澄《ぶっとちょう》（二三二―三四九）を進奉したことで知られる後趙《こうちょう》の石勒《せきろく》（二四七―三三三）、さらにここに都をおいた前燕《ぜんえん》の慕容儁《ぼようしゅん》（三一九―三六〇）に言及しています。そのほかの個所でも、五胡十六国から北魏への分裂時代の諸国の首都について、それらが正統王朝とはいいがたいにもかかわらず、あえて注釈に書き加えています。その理由の一つは、それらの王朝の多くが仏教を尊崇していたからにほかなりません。つまり、そこに仏教系地図の痕跡を見ることができます。

また、『混一図』で南を上に日本を描くのに材料とされたのは、いわゆる「行基《ぎょうき》式日本図」とされています。

その種の日本図は仏教的要素に関連して作られていることから、恐らくは行基（六六八―七四九）の名を冠したものだろうと考えられています。同様に、『混一図』作製の少し前、十四世紀に作製された仁和寺《にんなじ》蔵日本図も、九州を上にして日本が描かれているそうです。とすると、『混一図』において南を上にした日本を描いたのも、そうした日本図のもつ仏教意識を尊重し、受け継いでいるからであるともいえます。つまり『混一図』作製の背景を考えるとき、そこに仏教的世界観が反映していることを見逃してはならないのです。

（渡邊　久）

参考文献

応地利明『絵地図の世界像』岩波書店、一九九六年
織田武雄『地図の歴史』講談社、一九七四年
岡田至弘「『混一疆理歴代国都之図』のデジタル保存・修復および複製制作」『混一疆理歴代国都之図の歴史的分析――中国・北東アジア地域を中心として：平成二十三年度～二十五年度科学研究費補助金研究成果報告書』二〇一四年
杉山正明『世界史を変貌させたモンゴル＝時代史のデッサン』角川書店、二〇〇〇年
趙志衡「『混一疆理歴代国都之図』におけるアフリカ――比較史的検討」前掲『混一図報告書』二〇一四年
中村和之「『混一疆理歴代国都之図』にみえる女真の活動について」前掲『混一図報告書』二〇一四年
濱下武志「海洋から見た『混一疆理歴代国都之図』の歴史的特徴」前掲『混一図報告書』二〇一四年
宮紀子「混一疆理歴代国都之図への道――一四世紀四明地方の「知」の行方」『モンゴル時代の出版文化』第Ⅲ部第九章、名古屋大学出版会、二〇〇六年
宮紀子『地図は語る――モンゴル帝国が生んだ世界図』日本経済新聞社、二〇〇七年

村岡倫「『混一疆理歴代国都之図』にみえるモンゴル高原の諸都市」前掲『混一図報告書』二〇一四年
村岡倫「世界最古の世界地図、混一疆理歴代国都之図と日本」龍谷大学アジア仏教文化研究センター、ワーキングペーパー、No.一五―〇三、二〇一六年
渡邊久「龍谷大学蔵『混一疆理歴代国都之図』の彩色地名について」前掲『混一図報告書』二〇一四年
渡邊久「龍谷大学蔵「混一疆理歴代国都之図」の跋文について」龍谷大学アジア仏教文化研究センター、ワーキングペーパー、No.一七―〇三、二〇一八年、七六―八三頁

第二章　親鸞浄土教の成立と展開

一　はじめに

黒田俊雄《くろだとしお》の「顕密体制論《けんみつたいせいろん》」以降、中世仏教史の研究が進展した結果、今日では鎌倉時代の仏教思想は、いわゆる鎌倉新仏教による〝東洋の宗教改革〟と呼ぶべき運動であったという見方は崩れつつあります。しかし一方で、鎌倉仏教の開祖たちの思想がもつ普遍性とその真理性は、学際的な視点から探究が続けられ、ますますその評価は高まっています。特に親鸞浄土教に対する国内外からの研究業績は今なお質量ともに膨大だといえます。

日本における親鸞浄土教への関心は、近代以降、『歎異抄《たんにしょう》』研究を中心として進められ、「悪人正機《あくにんしょうき》」や「他力信心《たりきしんじん》」のもつ深い思想が解明されてきました。しかし親鸞浄土教の柱は、親鸞自らが主著『顕浄土真実教行証文類《けんじょうどしんじつきょうぎょうしょうもんるい》』（『教行信証《きょうぎょうしんしょう》』）六巻に述べるように、阿弥陀仏による往相《おうそう》と還相《げんそう》の二種回向《にしゅえこう》の教えにあります。親鸞はこの浄土真宗の二種回向を、中国・朝鮮半島から伝来した経・論・釈を使用して、いうなれば国際性豊かに説き示されています。注目すべき点の一つは、親鸞は自らの教えの拠り所となる

『無量寿経《むりょうじゅきょう》』とその異訳、さらにそれと関連のある諸経典を引用して照合し、対比検討することによって浄土真宗の深義を明かすという解釈手法をとっていることです。これは、現代の聖書解釈学にも通じる方法であって、その斬新さに驚かされます。親鸞浄土教は過去のものではなく、現代における生きた思想として、洋の東西を問わず広く関心がもたれ、また信仰される教えだといえます。

（杉岡孝紀）

二　『教行信証《きょうぎょうしんしょう》』の思想がもつ普遍性
——経・論・釈の引用や御自釈《ごじしゃく》にみる表現から——

図１　見真大師親鸞
（龍谷大学図書館蔵）

『教行信証』執筆の背景

『教行信証』は親鸞《しんらん》（一一七三―一二六二、図１）畢生の書です。その草稿の執筆は東国在住時ですが、六十歳頃の帰洛後にも校正を重ね、一応の完成を見たのは七十五歳頃のことであったと考えられます。親鸞のその他の多くの著述も七十歳代後半から、八十歳代後半の往生の直前までと考えることができます。

東国門弟からの質問に答える御消息《ごしょうそく》をはじめ、三帖和讃《さんじょうわさん》（「浄土和讃《じょうどわさん》」「高僧和讃《こうそうわさん》」「正像末和讃《しょうぞうまつわさん》」）のほか、『唯信鈔文意《ゆいしんしょうもんい》』（七十八歳）、『尊号真像銘文《そんごうしんぞうめいもん》』（八十三歳）、『一念多念文意《いちねんたねんもんい》』（八十五歳）などの和語聖教は、親鸞にとって近しく親しい方を読者として想定されています。親鸞の言葉を好意的に読む読者が想定されているといえるでしょう。

では、『教行信証』はどうでしょうか。『教行信証』の執筆の動機について、『『顯淨土眞實教行證文類』解説論集』（一六～一八頁、五七二頁、浄土真宗本願寺派総合研究所篇、二〇一二）にも指摘されているように、次のようなことがあげられるでしょう。

(1) 深広《じんこう》の仏恩《ぶっとん》を報謝《ほうしゃ》する。
(2) 『選択本願念仏集《せんじゃくほんがんねんぶつしゅう》』に説示される法然《ほうねん》（源空《げんくう》、一一三三―一二一二）の教えを相承《そうじょう》し、第十八願の真実を開顕《かいけん》する。
(3) 『仏説無量寿経《ぶっせつむりょうじゅきょう》』の本願真実の教法の内容を開顕する。
(4) 承元《じょうげん》の法難《ほうなん》が、法理に背いていることを証明してみせる教学的営み。

この中の一点目は、『教行信証』を含む親鸞著述に共通するものであり、二～四点目は、『教行信証』に関するものです。(4)に出る承元の法難とは、親鸞三十五歳の一二〇七年に、法然（図２）が四国に、親鸞が越後に流罪に処せられた事件をさします。法然の説く仏教が、当時、あるいはそれまでの仏教とは異なる主張がなされているとして、南都・北嶺から論難を受け、それが弾圧へと発展しました。一二〇四年には比叡山から念仏停止《ちょうじ》を求められ、一二〇五年には『興福寺奏状《こうふくじそうじょう》』が朝廷に提出され、その他の諸事の縁も重なり、それぞれ四国・越後に配流の身となりました。『教行信証』後序にもこのことは、

図２　円光大師法然
（龍谷大学図書館蔵）

厳しい言句で記されています。

このような背景のあるなか、親鸞は『教行信証』の執筆にあたり、どのような姿勢で臨んだのでしょうか。これについてまず、浄土宗立教開宗の宣言書である法然の『選択本願念仏集』を見ると、その末尾に、

庶幾《こいねが》はくは一《ひと》たび高覧《こうらん》を経《へ》て後《のち》に、壁《かべ》の底《そこ》に埋《うず》みて、窓《まど》の前《まえ》に遺《のこ》すことなかれ。おそらくは破法《はほう》の人《ひと》をして、悪道《あくどう》に堕《だ》せしめざらんがためなり。

（『浄土真宗聖典全書』Ⅰ、一三二九頁）

と記しています。「弥陀の本願を理解しない者が、念仏の教えを謗《そし》り、悪道に堕することがないように、ひとたびご覧になった後は、決して人の目に触れないように」という配慮が示されています。法然の説いた浄土の教えをそのままに受け止めることのできなかった者が、既存仏教教団の人々のみならず、浄土門の人々の中にもいたことがうかがえます。これに対して親鸞の『教行信証』の末尾には、

もしこの書《しょ》を見聞《けんもん》せんもの、信順《しんじゅん》を因《いん》とし、疑謗《ぎほう》を縁《えん》として、信楽《しんぎょう》を願力《がんりき》に彰《あらわ》し、妙果《みょうか》を安養《あんにょう》に顕《あらわ》さん。

（同Ⅱ、二五五頁）

とあるので、他の目に触れることを想定して、『教行信証』は執筆されたことがうかがえます。この「他の目」には、承元の法難において、法然を非難した既存教団の僧侶たち（通仏教者《つうぶっきょう》）の存在も、含まれるでしょう。もしそうであるならば、『教行信証』の執筆にあたって、「浄土真宗の者だけに通用する用語・意味・内容」

を使用するはずはありません。必ずや、「仏教一般にわたって用いられる用語・意味・内容」（通途《つうず》）（別途《べつず》）を使用したはずです。そうでなければ、通仏教者には伝わらないからです。

ところが、真宗学では古来、通途義と別途義を設けて、親鸞聖人のご文に向き合ってきた一面があります。このことについて、村上速水《むらかみそくすい》は『続・親鸞教義の研究』の中で、「真宗学における従来の聖教解釈の姿勢には反省すべきものがある」（二二九頁）、「先ず義を立てて文を裁いているわけで、果たして文の真意を得ているかどうか不明である。われわれは先ず文当面の意義を明らかにすることに努めなければならない」（二二二頁）等と指摘しました（村上・一九八九）。至極妥当な見解ですが、とすれば親鸞の執筆意図はどこにあったのでしょう。

承元の法難で別所に配流《はいる》になった後、今生で法然と親鸞が会ったことはありません。けれども、配流の五十年後頃と考えられる親鸞の言葉が、『歎異抄《たんにしょう》』第二条にみられます。

親鸞におきては、ただ念仏して弥陀にたすけられまゐらすべしと、よきひと（法然）の仰せをかぶりて信ずるほかに別の子細なきなり。（同Ⅱ、一〇五四頁）

これは、親鸞が法然と離別した後に五十年たって思い出して述べた言葉ではなく、五十年間を貫く言葉といってよいでしょう。したがって、法然の言動を通して阿弥陀仏の本願の世界と出遇った親鸞は、法然の仏教の正当性を明かしつつ、弥陀の本願の真実性を開顕すべく、『教行信証』を執筆したと考えられるのです。

『教行信証』における引文の態度

『教行信証』の正式名称は、『顕浄土真実教行証文類《けんじょうどしんじつきょうぎょうしょうもんるい》』です。「文類」とは、この書が、親鸞自身の言葉（御自釈《ごじしゃく》）と、経・論・釈から引用した多くの文章（引文《いんもん》）とからなっていることを表しています。しかもその分量は、圧倒的に引文が多く、御自釈はむしろわずかであるといえます。ここでは、親鸞の経・論・釈の引用の態度について、簡単に見てみましょう。

私たちが、自身の文章に他者の文章を引用する際には、必ずその出所を明示しなければなりません。親鸞も一つ一つ紹介していますが、その際に驚くほど丁寧に区別をしています。経・論・釈の三つについて、それぞれ、「言」「曰」「云」を使い分けているのです。

七高僧（龍樹《りゅうじゅ》・天親《てんじん》・曇鸞《どんらん》・道綽《どうしゃく》・善導《ぜんどう》・源信《げんしん》・法然）の書のすべてが引用されているのは『教行信証』全六巻のうち「行巻」だけであり、これをもとに経・論・疏の諸引文の初出を見ると、およそ次のようになります。

大無量寿経言（『浄土真宗聖典全書』Ⅱ、一五頁）
十住毘婆沙論《じゅうじゅうびばしゃろん》曰（同、一九頁）
浄土論《じょうどろん》曰（同、二五頁）
論註《ろんちゅう》曰（同、二五頁）
安楽集《あんらくしゅう》云（同、二九頁）
光明寺和尚《こうみょうじ》云（同、三一頁）
往生要集《おうじょうようしゅう》云（同、四六頁）

選択本願念仏集（源空集）云（同、四八頁）

これを見ると、経の引文には「言」を、論の引文には「曰」を、釈の引文には「云」を用い、明らかに使い分けていることが分かります。曇鸞の『論註』は論ではありませんが、論に準ずるものとして、「曰」が用いられているなど、わずかな例外はありますが、驚くほど徹底されています。

では引用の内容について見てみましょう。私たちが他者の書物から引用する場合、元の書物に忠実に引用することが当然のルールです。ほとんどの引文においてこのルールは遵守・厳守されていますが、時折、親鸞は大胆な読替えを施しています。その一、二の例を「信巻」「証巻」で確認してみましょう。

「証巻」には親鸞の発揮《はっき》の一つとされる「現生正定聚《げんしょうしょうじょうじゅ》」が明かされています。「証巻」では、『大経』の異訳である『無量寿如来会《むりょうじゅにょらいえ》』から第十一願成就文や、曇鸞《どんらん》（四七六―五四二）の『論註』から引文されます。それぞれ、「白文」（原文）をまずあげた後に、「通常の読み」と「親鸞の読み」を並べてみましょう。まず、第十一願成就文については、次のようになります。

彼国衆生若当生者皆悉究竟無上菩提到涅槃処　（同Ⅰ、三二一頁）

かの国の衆生、もしまさに生ずれば、みなことごとく無上菩提《むじょうぼだい》を究竟《くきょう》し、涅槃《ねはん》処に到るべし。　（同Ⅰ、三二一頁）

かの国の衆生、もしまさに生れんもの、みなことごとく無上菩提を究竟し、涅槃の処に到らしめん。

（同Ⅱ、一三四頁）

通常は「まさに生ずれば」と読まれる『如来会』の文は、浄土に往生した者の相として述べられています。ところが、親鸞は「まさに生れんもの」と読替え、明確に、まだ浄土に往生していない此土の者の相としたのです。この文に続いて、曇鸞の『論註』の文が引かれます。この文も同様に、「白文」「通常の読み」「親鸞の読み」の順に並べてみましょう。

若人但聞彼国土清浄安楽剋念願生亦得往生則入正定聚

（同Ⅰ、五〇一頁）

もし人、ただかの国土の清浄安楽《しょうじょうあんらく》なるを聞きて、剋念《こくねん》して生ぜんと願ずれば、また往生を得て、すなわち正定聚に入る

（『浄土真宗聖典七祖篇（註釈版）』一一九頁）

もし人ただかの国土の清浄安楽なるを聞きて、剋念して生ぜんと願ぜんものと、また往生を得るものとは、すなはち正定聚に入る

（『浄土真宗聖典全書』Ⅱ、一三四頁）

曇鸞においては、「人が阿弥陀仏の浄土の清浄で安楽であることを聞いて、心より（心を引き締めて）阿弥陀仏の浄土に往生したいと願えば、往生することができ、正定聚の位に住することができる」と解釈されています。つまり、不退の位につくことは、浄土往生の後であると通常は理解されます。しかし、親鸞はこれを読替え、阿弥陀仏の浄土を願う者（剋念して生ぜんと願ぜんもの）と、既に往生を得る者（往生を得るも

の）とに分けて示すのです（早島・大谷、一九八七）。

親鸞は、自身に明らかになった仏教を明示するために、経・論の文についても、重要箇所で独自の訓点を振って読替えているということができます。独自の訓点が付されている箇所は、重要箇所でもあるといえるでしょう。同様のことが、釈についても指摘できます。ここでは、「信巻」大信釈に引かれる善導《ぜんどう》（六一三―六八一）の『観経四帖疏《かんぎょうしじょうしょ》』の文について、「白文」「通常の読み」「親鸞の読み」を並べてみましょう。

欲明一切衆生身口意業所修解行必須真実心中作

（『浄土真宗聖典全書』Ⅰ、七六一頁）

一切衆生の身口《しんくい》意業所修《しょしゅう》の解行《げぎょう》、かならずすべからく真実心のうちになすべきことを明かさんと欲す。

（『浄土真宗聖典七祖篇（註釈版）』四五五頁）

一切衆生の身口意業の所修の解行、かならず真実心のうちになしたまへるを須《もち》ゐんことを明かさんと欲ふ。

（『浄土真宗聖典全書』Ⅱ、七一頁）

『仏説観無量寿経』の三心、すなわち至誠心《しじょうしん》・深心《じんしん》・廻向発願心《えこうほつがんしん》を解釈する中で善導は、至誠心を真実心と規定します。要するに、真実心をもって身口《しんくい》意の三業を修すべきであるとするのが善導の立場です。ところが、これに対して親鸞は、そのような真実心は衆生には起こし得ないため、衆生自身に真実の身口意の三業はあり得ず、衆生においては阿弥陀仏が真実心でなした身口意の三業を須《もち》いるべきであると示し、善導の『観経四帖疏』の意を大きく変革した訓点を付し、読替えたということができます。

『教行信証』御自釈に見る親鸞の表現

先に、経・論・釈に見る親鸞の引用態度について、一、二の例を紹介しつつ、通常の読みとは異なる訓点を付ける箇所は、親鸞の慎重な配慮がみられ、それ故、私たちは、親鸞の配慮に留意しつつ、丁寧に拝読すべきであることを指摘しました。ここでは、『教行信証』御自釈にみられる親鸞の表現について、私見を披瀝したいと思います。それは、三一問答にみられる「疑蓋《ぎがい》」「疑蓋無雑《むぞう》」「疑蓋間雑《けんぞう》」の語です。

三一問答とは、『仏説無量寿経』の至心《ししん》・信楽《しんぎょう》・欲生《よくしょう》の三心（三信）と、天親《てんじん》の『浄土論《じょうどろん》』にある一心についての親鸞が設けた問答ですが、三一問答の結びの部分に、

至心・信楽・欲生、その言《ごん》異なりといへども、その意《こころ》これ一つなり。なにをもってのゆゑに、三心すでに疑蓋雑《まじ》はることなし、ゆゑに真実の一心なり。（同Ⅱ、九〇頁）

とあります。疑蓋に類する語は、疑心・疑網・疑情・疑謗・疑惑などさまざまありますが、『教行信証』に疑蓋の語が表れるのは、十箇所です。いずれも親鸞の御自釈においてですが、『教行信証』「化身土《けしんど》巻」の一箇所を除いて他はすべて、同「信巻」三一問答にみられます。親鸞の関心の特に深かった語であると考えられます。

まず手元にある数種の辞書で疑蓋の意を尋ねてみましょう。『仏教語大辞典』では、疑蓋の語として、疑惑は心を蓋《おお》って正しい道を悟らせないがゆえに、蓋という。五蓋の一つ。

（中村元『仏教語大辞典』、二二〇頁）

とあり、疑蓋無雑として、

疑いのまじらないこと。真宗では、真実の信心には疑心がまじらないことをいう。

（同、二二〇頁、傍点引用者）

とあります。次に、『真宗大辞典』では、

大智度論《だいちどろん》十七大乗義章《だいじょうぎしょう》五本等には貪欲《とんよく》蓋瞋恚《しんに》蓋睡眠《すいめん》蓋掉悔《じょうけ》蓋疑蓋の五蓋を説く、信巻は疑蓋の名目を彼れに取ったのであるけれども其の意味は彼と同一ではない。信巻に疑蓋といふは阿弥陀如来の願力を疑ふ心である、この疑心は衆生の心を覆蓋《ふがい》して真実の信心を生ぜしめないから疑蓋と云ふ。蓋はふたである。

（岡村周薩『真宗大辞典』、一九七二年、二七七頁、傍点引用者）

と解説され、『真宗新辞典』では、

疑いの心。煩悩《ぼんのう》は善心を覆いかくすから蓋に喩える。一般には貪欲・瞋恚など五蓋の一。

（金子大栄・大原性実・星野元豊『真宗新辞典』一九八三年、九三頁、傍点引用者）

と説明されています。

『仏教語大辞典』『真宗大辞典』では、一般的な意味が記された後、真宗における疑蓋・疑蓋無雑の意味（傍点を付した箇所）が付説され、「疑蓋＝弥陀の本願を疑う心」「疑蓋無雑＝弥陀の本願を疑いなく信じる心」と理解されていることが分かります。『真宗新辞典』では、真宗における意味を先に記した後、一般には五蓋の一つとされると但し書きが施されます。

次に、『教行信証』の解説書・註釈書・参考書などを瞥見すると、一部違った見解を示すものがありますが、多くは「唯だ如来の大悲大願を疑ふことなき心である」「われわれの頂きぶりをいえば疑蓋無雑である」「如来の誓願に対して一厘の疑いも残ることがない」「本願の生起本末《しょうきほんまつ》を疑いなく信じる心」「弥陀の本願に対する疑いの晴れた心」と解釈しています。

このように『教行信証』「信巻」に用いられる疑蓋無雑のほとんどについては、弥陀の本願を疑いなく信じる衆生の心とも解することができます。しかし、先の辞書類にみられる解釈によっては理解が困難な箇所があることに気付きます。それは、信楽釈御自釈の次の文です。

> まさしく如来、菩薩の行を行じたまひしとき、三業の所修、乃至一念一刹那《せつな》も疑蓋雑《まじ》はることなきによりてなり。
>
> （『浄土真宗聖典全書』Ⅱ、八三頁）

すなわち、阿弥陀仏が菩薩の行を行じるときに、身口意の三業にわたるすべての行為に、ほんのわずかな時間も「疑蓋」がまじわらなかったというのです。したがって、この場合の疑蓋無雑は法蔵菩薩の心として受け取るべきであると考えられます。法蔵菩薩は永劫の修行の間、少しの煩悩も抱くことがなかったと読むのが適当でしょう。

このことは、『親鸞聖人真蹟集成《しんせきしゅうせい》』第一巻（一九七頁）を見れば、疑蓋の「蓋」に「ホムナフ」の左訓が施されていることからも論証されるでしょう。「ホムナフ」とは、紛れもなく「煩悩」の漢字を当てることができますが、これは親鸞が疑蓋を仏教一般の五蓋の一つとして記されたものであることを明示するものです。したがって、疑蓋は単に本願を疑う心を意味するものではないのです。

以上のことを総合的に勘案すれば、疑蓋とは無明・煩悩と解釈され、衆生の無明・煩悩のまじらない阿弥陀仏の心が疑蓋無雑と表現されていると理解すべきであると考えられます。

親鸞は『一念多念文意』に、

無明《むみょう》煩悩われらが身にみちみちて、欲もおほく、いかり、はらだち、そねみ、ねたむこころおほくひまなくして、臨終の一念にいたるまでとどまらず、きえず、たえず。

（『浄土真宗聖典全書』Ⅱ、六七六頁）

と示されます。凡夫には臨終の一念まで煩悩はなくならないと説いているのです。臨終の一念まで煩悩が消えることがないなら、また、疑蓋を煩悩という意味に取るべきであるならば、疑蓋無雑とは衆生の心を指すとは言い難いのです。未信の衆生であろうが、獲信の衆生であろうが、煩悩の有無に相違はない。ともに煩悩を具足することにかわりはないのです。

自身に疑蓋がなくならないことが明らかになり、そして衆生のその疑蓋が何の障《さわ》り（碍《さまたげ》）にもならない本願が明らかになることが、弥陀の本願に真に出遇うということです。煩悩を滅することのできない衆生を摂取して捨てない弥陀の大悲を学ぶことが、念仏の真実を信知することだと理解したいと思います。

『教行信証』を執筆した親鸞は、経論釈の引文や御自釈を通して、法然の仏教の正当性を明かしつつ、阿弥陀仏の真実性を開顕しようとされたと考えられます。それは、『教行信証』の随所に一貫して記される所ですが、ここでは次の文を紹介して、小論を閉じたいと思います。それは、出家・在家の別や、修行期間の長短など、私たち衆生の状態・経験・資質の区別・分別を超えた平等な阿弥陀仏の真実性を表す言葉です。

おほよそ大信海を案ずれば、貴賤緇素《きせんしそ》を簡《えら》ばず、男女・老少をいはず、造罪の多少を問はず、修行の久近《くごん》を論ぜず　（同Ⅱ、九一頁）

この言葉は、いつの時代のいかなる衆生にも行き渡る阿弥陀仏の普遍性を表す代表的な文言であるといってよいでしょう。

（玉木興慈）

三　親鸞浄土教の独創性をめぐって—法然とその門弟たちの中で—

法然《ほうねん》と親鸞《しんらん》　親鸞（一一七三—一二六二）の教えは独創的だという言い方がよくなされます。確かに親鸞の他力に徹した教えは、長い仏教の歴史の中でも異彩を放っているといえるでしょう。しかし、師であった法然（一一三三―一二一二）やその門弟たちなど、同じ時代を生きた親鸞の周りの人たちにも注意すると、親鸞の教学もまたさまざまな人たちとの関わりの中で形成されたものであることが知られます。

親鸞に最も影響を与えた人といえば法然ですが、法然の語録を読んでいますと、一般に親鸞の特徴と思われているものでも、既に法然の言葉の中に同じ考え方を発見することがままあります。いくつか例をあげれば『和語灯録《わごとうろく》』巻二には、

他力《たりき》の念仏は往生すべし。自力《じりき》の念仏はまたく往生すべからず。

（『昭和新修法然上人全集』六八二頁）

と、念仏の上に自力と他力とを分ける念仏観がみられますし、同じく巻四には、

極楽の九品《くぼん》は弥陀の本願にあらず、四十八の中になし、これは釈尊《しゃくそん》の巧言《ぎょうげん》なり。

（同、六三三頁）

と、『観経』九品段を方便教《ほうべんきょう》とするような見方が示されています。これらはいずれも、法然門弟の中でも他力を強調する安心派《あんじんは》の人たちの理解と近似しています。また『法然上人伝記（醍醐本《だいごぼん》）』には、

善人尚《な》ほ以て往生す、況《いわ》んや悪人をやの事口伝《くでん》これ有り。（同、四五四頁）

と、有名な悪人正機説が法然の「口伝」として伝えられており、『三部経大意《さんぶきょうたいい》』には第十七願への注目や特異な至誠心《しじょうしん》の解釈がみられます（同、三一頁）。これらはいずれも親鸞教学へと繋がる先例というべきでしょう。

こうした説示は法然の主著『選択本願念仏集《せんじゃくほんがんねんぶつしゅう》』（以下『選択集』と略す）にはみられませんが、だからといって直ちに法然の教えでないと否定することはできません。もちろん書誌学的な問題は考えねばなりませんが、法然が門弟たちに語っていた教えは私たちがイメージしている以上に親鸞の教えに接近した内容を含んでいた、その可能性は十分にあります（梯、一九八六）。今後のさらなる研究課題といってよいでしょう。

一方でまた、法然教学に関する理解だけでなく、親鸞教学自体に対する私たちの理解も再検討してみる必要があります。例えば私たちはよく「法然は念仏を強調し、親鸞は信心を強調した」という言い方をします。そしてこの言い方自体は決して間違っているわけではありません。しかし両者の違いの面だけに注目すると、両者の共通性の面を見落としがちになります。親鸞が消息の中で、

信の一念・行の一念ふたつなれども、信をはなれたる行もなし、行の一念をはなれたる信の一念もなし。（『浄土真宗聖典（註釈版）』七四九頁）

と述べているように、親鸞は念仏と信心を切り離して信心だけを強調するような理解にはむしろ否定的でし

た。つまり、親鸞の教えも法然のそれと同様に、やはり「ただ一向《いっこう》に念仏すべし」という一語に集約されるものであったことは、忘れてはならないでしょう。

『摧邪輪《ざいじゃりん》』の衝撃と親鸞

それにしても『教行信証《きょうぎょうしんしょう》』を繙《ひもと》いてみますと、親鸞の教えは法然の『選択集』の教えとかなり違うような印象を受けます。その違いの一つに、『教行信証』では念仏や信心を説明するとき「真如《しんにょ》」「仏性《ぶっしょう》」「円融《えんにゅう》」「涅槃《ねはん》」「菩提心《ぼだいしん》」「憶念《おくねん》」などの、法然があまり使わなかったような仏教学の難解な用語が頻出するという点があげられます。

ではなぜそうした言葉を用いたのか、またそれによって親鸞は何を表そうとしたのでしょうか。そこには親鸞と同い年であった華厳宗の明恵《みょうえ》（高弁《こうべん》、一一七三―一二三二）による批判を考える必要があります。法然の亡くなった年に『選択集』を読んだ明恵は、それまでの法然に対する尊敬の念を捨てて、法然の念仏批判の書『摧邪輪』三巻を著しました。その批判の中心は「法然の教えは仏教ではない」ということにありました。

大雑把な言い方になりますが、明恵にとっての仏教とは「さとりに向かって心を磨くこと」でした。それは真如や空《くう》という仏教の説くさとりへとわが心を近づけていくことです。そしてさまざまな修行はこの「さとりに向かって心を磨く」ための手段にほかならないというのが、明恵の仏教観でした。そんな明恵からすれば、菩提心を捨てた法然の念仏は、仏教の基本線を最初から逸脱してしまっており、「只《ただ》、空しく口舌を動か」（『浄土宗全書』八、七三〇頁下）しているだけにすぎない。つまり法然の教えは、真如や空というさとりの要素がまったく存在しない「性有《しょうう》の外道《げどう》」であり、そんなものは仏教ではないというのです。

こうした明恵の批判に応答していくことは、遺された門弟たちの仕事であり、それは法然の念仏がもつ意味をあらためて自らに問い直すことでもありました。親鸞が『教行信証』の中で、

大行《だいぎょう》とはすなはち無碍光如来《むげこうにょらい》の名《みな》を称《しょう》するなり。この行はすなはちこれもろもろの善法《ぜんぽう》を摂《せっ》し、もろもろの徳本《とくほん》を具せり。極速円満《ごくそくえんまん》す、真如一実《いちじつ》の功徳宝海《くどくほうかい》なり。

（『浄土真宗聖典（註釈版）』一四一頁）

と、称名念仏はさとりの果徳が円かに具わった特別な行であることを強調し、あるいは『浄土文類聚鈔《じょうどもんるいじゅしょう》』に「称名はすなはち憶念なり」（同、四七八頁）といって、浄土真宗の念仏とはただ口を動かすだけのものではなく、他力の信心（＝憶念）をそなえた念仏なのであると示していることも、そこには法然の念仏こそ仏教の中の仏教、究極の仏教なのだと主張する意図があったものといえます（高田、二〇一六）。逆にいえば、法然の念仏を逸脱した新しい念仏の教えを説こうという意図は、少なくとも親鸞の中にはまったくなかったといわねばなりません。

法然の門弟たちと親鸞　続いて法然の門弟たちに目を向けてみましょう。法然の門弟たちの思想傾向は、大別して次の二つに分けられるといわれています。

一つは、「法然の教えも仏教である」という形で法然の教えの意味を明らかにしようとした人たちの思想傾向です。彼らは既存の仏教（聖道諸宗《しょうどうしょしゅう》）との整合性に配慮し、もしくは聖道門《しょうどうもん》と浄土門《じょうどもん》（法然の教え）を

棲み分けることで、法然の教えの仏教としての妥当性を示していこうとしました。一般に起行派《きぎょうは》と呼ばれる長西《ちょうさい》（諸行本願義）や弁長《べんちょう》（鎮西派《ちんぜいは》）などがこれに当たります。

もう一つは「法然の教えこそ仏教である」と主張していった人たちの思想傾向です。つまり法然の教えの中にこそ仏教の真髄があるのだ、他の仏教諸宗の教えはこの究極の教えへと人々を導くための手段にしかすぎないという理解です。一般に安心派《あんじんは》と呼ばれる幸西《こうさい》（一念義《いちねんぎ》）や証空《しょうくう》（西山派《せいざんは》）などがこれに当たり、そして親鸞もこの安心派の中に分類することができます（浅井、一九八九）。すなわち、他力や信心という浄土教の特殊性の面を強調する親鸞の教えは、大きくは法然門弟の中にあった一つの思想傾向として捉えることができるのです。

それにしても、同じ法然の教えをうけた門弟たちの間に、こうしたまったく方向性の異なる思想傾向が生じてきたのはなぜなのでしょうか。まず考えられることは、法然の教学そのものの中に、安心派と起行派に別れる要因があったということです。最近では平雅行《たいらまさゆき》が、法然の念仏には行としての側面と阿弥陀仏に対する信順の表明という信としての側面の「二重性」があり、この二重性の故に法然は安心派・起行派の門弟たち「すべての母胎となった」と述べています（平、二〇一八）。

また、先に述べたように明恵に代表される聖道諸宗からの批判があり、門弟一人一人が法然の念仏のもつ意味や聖道門の位置付けなどをあらためて問い直す必要性に迫られたことも、思想傾向が分かれた要因の一つといえるでしょう。聖道諸宗からの批判に答えようとすれば、法然が十分に語らなかった部分にも踏み込んで語る必要に迫られます。そこにおのずから門弟たちの個性が発揮され、異なる思想傾向が生まれていったのかもしれません。

他にもいろいろな要因が考えられるでしょうが、いずれにしても、法然の門弟たちの思想形成を総体的に明らかにすることは、親鸞教学の成立過程を知るうえで重要であると考えられます。

証空と親鸞

それでは親鸞の浄土教義を幸西や証空などの同じ安心派の人たちと比べたなら、親鸞の独創性はどこにあるといえるでしょうか。その第一にあげられるべきは、やはり他力回向《たりきえこう》の思想であり、特に衆生《しゅじょう》の信心が阿弥陀仏より回向されるという考え方でしょう。『歎異抄』後序の信心一異《いちい》の諍論《じょうろん》によれば、この考え方の大元は実は法然であったことになるのですが、ともあれ法然門弟の中において親鸞以外にこれを教義的に明確に位置付けた人はいないといってよいでしょう。

しかし、明確に教義化されてはいなくとも、こうした考え方と極めて近いものがあったように思われるのが、親鸞の兄弟子にあたる西山派の証空（一一七七―一二四七）です。特に和語の著述である『女院御書《にょいんごしょ》』に、

> この浄土門の行は、他力本願の真実なるによりて、其《その》のち仏に助けられまいらせんと思ふこゝろによりて、今真実の心の起るとは申《もうす》なり。……我《わが》心は虚仮《こけ》なれども、真実の本願をあふぎて、かの仏をたのみたてまつるによりて、真実の心の起るとは申候《もうし》なり。
>
> （『西山上人短篇鈔物集』二二九頁）

と述べるものなどは、自力によっては真実心は起こらず、本願力を仰ぐことで衆生の上に真実心が成立する

というのですから、回向《えこう》という用語はなくとも、言わんとするところは親鸞の他力回向の思想に通ずるものがあるように思われます（足立、二〇〇〇）。

果たして、こうした証空と親鸞との思想的な近さは、どのように説明されるべきでしょうか。親鸞と門弟諸師との関わりの中でも、特に興味を引かれる点の一つです。

師法然をはじめとする親鸞を取り巻いていたさまざまな人たち。親鸞という人の教学はそうした同時代の多様な関係性の中で形作られていきました。その成立過程の解明には、いまだ解明すべき多くの課題が残されています。

（高田文英）

四　親鸞浄土教の他力と自然

他力本願《たりきほんがん》　親鸞《しんらん》（一一七三―一二六二）の浄土教といえば、「悪人正機《あくにんしょうき》」「他力本願《たりきほんがん》」「信心正因《しんじんしょういん》」といった言葉が思い起こされます。このうち、「他力本願」の語は今日では、「自分の努力を怠《おこた》って他人の力をあてたよりにする」という意味として批判的に用いられることが少なくありません。言葉は時代とともに変化するものなので、新しい意味が加わること自体は仕方がありません。しかし、親鸞の教えを理解するためには重要な鍵となる概念ですから、正しい意味を知ることが必要です。

親鸞は主著『教行信証《きょうぎょうしんしょう》』「行巻」他力釈において、「他力といふは如来の本願力《ほんがんりき》なり」（浄土真宗本願寺派総合研究所編『浄土真宗聖典（註釈版）』一九〇頁）と述べています。「他力」というのは、阿弥陀如来の本願力だと定義されます。本願とは、仏道《ぶつどう》を歩む菩薩《ぼさつ》が仏に成《な》る以前に、すべてのいのちあるもの、すなわち衆生《しゅじょう》をさとりへと導くために発《おこ》された誓いをいいます。大乗の菩薩は、「自利即利他《じりそくりた》」を根本精神とし、自身がさとりを完成させた後に衆生を救済するのではなく、他者の救いがそのまま自身のさとりとなるという高い理想を掲げ、菩薩の身のままで慈悲《じひ》の心を実践し続けるのです。このように、「他力」とは阿弥陀如来が迷える衆生を救済して涅槃《ねはん》に至らしめるはたらきを意味しますが、本願力の主体は如来なので、「他力」の「他」は利他《りた》の「他」、すなわち衆生を指していることに注意しなければなりません。阿弥陀如来が「他」を救済するはたらきが他力です。したがって、他力の在処《ありか》は私と離れた遙か遠方にあるのではありません。『唯信鈔文意《ゆいしんしょうもんい》』に、

この如来、微塵《みじん》世界にみちみちたまへり、すなはち一切群生海《いっさいぐんじょうかい》の心なり。

（『浄土真宗聖典（註釈版）』七〇九頁）

と説かれるように、他力は今現に私の心のうちに満ち満ちていると理解することができるのです。

また、親鸞は関東の門弟に宛てた御消息《ごしょうそく》（お手紙）の中で、

他力と申すことは、弥陀如来の御《おん》ちかひのなかに、選択摂取《せんじゃくせっしゅ》したまへる第十八の念仏往生の本願を信楽《しんぎょう》するを他力と申すなり。

（同、七四六頁）

と書き記されています。「他力」というのは、阿弥陀如来が本願の中で、あらゆる行の中からただ念仏一行を選び取って、すべての衆生を一人ももらさず救うと誓われた第十八願「念仏往生の願」を、疑いなく信じることだと説かれます。衆生が阿弥陀如来の真実清浄《しょうじょう》なる信楽《しんぎょう》（他力信心）を獲得《ぎゃくとく》するとき、信心は衆生の心となります。しかしながら、衆生はその如来より回向《えこう》された信心という智慧《ちえ》によって、はじめて蛇や蠍《さそり》のように蠢《うごめ》く自身の煩悩《ぼんのう》を深く見つめることができるのであって、回向《えこう》された信心は決して自分自身の「もの」として奪われることはありません。もし、自分の力で繕《つくろ》って真実の心だと思い上がるならば、それは自力心と呼ばれるのです。

以上のように、「他力」は仏の側からいえば、仏が「他（衆生）」を利益するはたらき、すなわち「利他」のはたらきです。一方で、衆生の側から見れば、それは「他（阿弥陀仏）」が私たち衆生を利益するはたらき、すなわち「他利《たり》」として受けとめられるのです。

自然法爾《じねんほうに》　親鸞は「他力」をさらに「自然《じねん》」、あるいは「自然法爾《じねんほうに》」という言葉で説明しています。「自然」は、西欧思想に対する日本の思想や文化の特徴を称讃する場合に必ず取り上げられる言葉ですが、しかし「自然」という言葉は多義的な言葉なので、親鸞浄土教における意義を考える際には特に注意が必要となります。

「自然」という言葉の意味は、三枝博音《さいぐさひろと》の『「自然」という名の歴史』（三枝、一九七八）や柳父章《やなぶあきら》の『翻訳の思想――自然とnature』（柳父、一九七七、一九九五）などの研究成果にしたがうと、大きく三つの意味があるといいます。第一には、中国の老荘《ろうそう》思想の影響を受けるもので、「自然《じねん》（おのずからしかる）」と読んで、「本来的にそのようになっている状態」、もしくは「人為《じんい》の加えられていない、あるがままの状態」を意味します。日本では、この自然の用法は「ひとりでに」という副詞か「あるがままの」という形容詞として使われてきました。第二には、明治時代に nature の翻訳語として生まれたもので、私たち人間をとりまく客観的世界の全体を「自然《しぜん》」と呼ぶものです。今日私たちが「自然保護」とか、「自然とともに生きる」というように、名詞として使っている「自然」は日本語全体の歴史からいえば比較的新しい意味になります。そして、この事実は大変重要な意味をもつことになります。というのは、「自然一般」という理解は近代以前にはなかったことになるからです。存在しないものに名前が付けられることはありません。もちろん、山・川・海・草・木・日・月・星など個々の名前は昔からありました。けれども、自然界全体を包むような概念は形成されていなかったと考えられます。ですから、古代・中世の人々は最初に客観的対象としての自然界を設定し、その中に山川草木をひとくくりにして見るという態度ではなく、山・川・草・木の一つ一つに「おのずからしかる」ありさまを見出して、例えば和歌に詠われるように、情感をもって味わってきたのだといえます。このほか、「自然」の第三の意味としては、「人の力では予測不可能な出来事」を意味する場合もありますが、これは今日では使われることがない用法です。

以上のように、「自然」には三つの意味がありますが、第一の「自然《じねん》（おのずからしかる）」が第一義的な語意となります。そして、日本中世においてはこの自然が仏教界だけでなく広く一般に説かれ、共通の考え方の一つとしてあったと考えられます。自然は、元は老荘を起源とする言葉ですから、その意味で非仏教的な用語なのですが、それに「仏法の真理性において、そのようにある」ことを示す仏教語の「法爾《ほうに》」と結びついて、「自然法爾」また「法爾自然《ほうにじねん》」と熟されて肯定的な意味をもって用いられたのです。特に

「草木国土悉皆成仏《そうもくこくどしつかいじょうぶつ》」、すなわち一切の衆生は本来的にさとりの境地にあると説く天台本覚思想《てんだいほんがく》では、法爾自然という言葉が本覚法門をあらわす重要な語句として用いられました。例えば、『三十四箇事書《さんじゅうしかのことがき》』には、

仏の作《さ》に非《あら》ず、修羅天人《しゅらてんにん》の作に非ず、法爾自然にして三身《さんしん》にあらざるなきが故に。

（浅井ほか『天台本覚論』、一七三頁）

という表現があります。あるがまま、そのままですべてのものは本来的にさとっているという教えは大乗仏教の究極のようにも見えます。しかし、「おのずからしかる」という思想は、仏教の行の重要性を否定することにつながります。また、現代的な視点からいえば、すべてそのままでよいという宿命論的な考え方は無批判に現実を肯定し、その結果として差別を助長し温存する教えとなりかねません。

他力自然の宗教的世界

親鸞の「自然（法爾）」については、上述してきた共通理念としての自然思想の範疇《はんちゅう》の中で理解されることが多いようです。しかしながら、親鸞は「他力本願」の別の名として「自然」を使用しているのであって、『教行信証』では本願力回向という言葉で表現される内容、あるいは他力不思議と述べられる内容と同じ意味を持っています。この点について、親鸞が門弟に書き記した「自然法爾法語《じねんほうにほうご》」を読んで確認してみましょう。すなわち、

「自然《じねん》」といふは、「自」はおのづからといふ、行者のはからひにあらず。しからしむといふことばなり。

「然」といふは、しからしむといふことば、行者のはからひにあらず、如来のちかひにてあるがゆゑに。「法爾《ほうに》」といふは、如来の御ちかひなるがゆゑに、しからしむるを法爾といふ。この法爾は、御ちかひなりけるゆゑに、すべて行者のはからひなきをもちて、このゆゑに、他力には義なきを義とすとしるべきなり。「自然」といふは、もとよりしからしむるといふことばなり。

（浄土真宗本願寺派総合研究所編『浄土真宗聖典（註釈版）』、六二一頁）

とあるように、「自然」とは「自」は「おのづから」と読み、「行者のはからいがない」ことを意味しています。はからいとは、本願を疑う自力の詮索《せんさく》する心をいいます。また、「然」は「しからしむ」と読み、「自」と同様に、阿弥陀仏の救済活動を意味する言葉で、「行者のはからいがない」ことを意味します。さらに、「法爾」は「自然」と同義の仏教語で、他力を意味します。衆生の側からいえば、他力とは「義なきを義とす」、すなわち「義（はからい）がないことを義（意味）とする」教えとなります。

自然（法爾）を、親鸞の晩年の円熟した宗教的な境地と理解する見方もありますが、他力本願と同義と考えれば、必ずしも最終的な精神的境地ではあるとはいえません。それでは、「自然」の特徴は何かといえば、親鸞は『唯信鈔文意』に、

「自」はみづからといふなり。（中略）また「自」はおのづからといふ。おのづからといふは自然といふ。自然といふはしからしむといふ。しからしむといふは、行者のはじめてともかくもはからはざるに、過去・今生《こんじょう》・未来の一切の罪を転《てん》ず。転ずといふは、善とかへなすをいふなり。

（同、七〇一頁）

と説かれています。すなわち、行者の罪を「善」、つまり仏や菩薩と同じ大悲心へと転ぜしめる、「おのずからしからしめる」願力を自然と呼ぶわけです。如来と衆生の心は、真実と不実であり、対立して相反《あいはん》するものですが、本願力はこの対立を対立のままにして同一ならしめるのです。それは、例えば「氷が解《と》けて水と成る」ように、愚かな私たち凡夫《ぼんぶ》に満ち満ちている無明《むみょう》煩悩が阿弥陀如来の願心に摂取《せっしゅ》されて智慧・慈悲と一味《いちみ》になるのです。相矛盾《あいむじゅん》したものが一つとなるのです。それは、私たちが念仏を聞くことによって、如来と凡夫が否定しあう関係にある事実を自覚せしめられ、仏力によってこそ一つになることを知らしめられるということです。ここに、親鸞浄土教の念仏思想がもつ重要な意義があります。もし、阿弥陀仏の名号を聞いて念仏するということが忘れ去られるとき、親鸞の「自然（おのずからしからしむ）」は「おのずからしかる」と客観的な現象のように解釈されてしまいます。親鸞浄土教において「すべてが自然だ」というのは、この世の一切がありのままであらかじめ決定されているということではありません。『教行信証』「証巻」に、

それ真宗の教行信証を案《あん》ずれば、如来の大悲回向《だいひえこう》の利益《りやく》なり。ゆゑに、もしは因、もしは果、一事《いちじ》として阿弥陀如来の清浄願心《しょうじょうがんしん》の回向成就《えこうじょうじゅ》したまへるところにあらざることあることなし。

（同、三一二頁）

と述べられているように、浄土往生に必要な教・行・信・証のすべてが如来の清らかな心から衆生に、同時

に恵み与えられていることを意味しているのです。

自然思想の現代的な意義　最後に、親鸞の自然を「自然」思想の歴史の中でどのように位置付けるべきかという問題に触れておきたいと思います。中世鎌倉時代に生きた親鸞が当時の人々とまったく異なった世界観、それこそ近代的な理性に基づいた世界観をもっていたと見ることはできません。しかし、「自然（おのずからしかる）」の、はたらきの根源的な主体として阿弥陀如来の本願をとらえ、「おのずからしからしむ」と読んだ親鸞の自然は、老荘の自然の語に影響を受けながらも、それを超え出《い》でる思想として理解することができます。かつて臨床心理学者の河合隼雄《かわいはやお》は、日本人において「自己」は、山川草木に投影され、日本人の自我のあいまいさとも結びついて、自己とも自然とも区別されないあいまいな自然が宗教的な意味合いをもって認知されてきたと述べています。そして、日本人はこの辺《あた》りであいまいな「自然」との共生《きょうせい》関係を基礎とする日本教としての宗教を厳しい目で問い直す必要性があることを以下のように指摘しています。

あいまいな形での「自然」との一体感にしがみつくことなく、対象化し得たれる限りは、自然を対象化して把握することを試みつつ、科学と宗教の接点に存在するものとしての「自然」の不思議な性質をよく弁えて、より深く探求を重ねてゆくことが必要であろう。

（河合著『宗教と科学の接点』「第五章　自然について」一六六頁）

ここで指摘される、あいまいな形での自然との一体感を基礎付ける日本教としての宗教がもつ自然とは、他でもない「自然（おのずからしかる）」であり、科学の自然とは対象的・客観的な「自然《しぜん》」を意味しています。親鸞における「自然（おのずからしからしむ）」は、こうした両者の接点を見出す参照点を提起するものとして評価することができるのではないでしょうか。

（杉岡孝紀）

五　浄土真宗の国際性

日本語「国際」の意味　宗学の研鑽が深められた江戸時代を経て明治時代を迎えると、仏教各宗は「国際交流」による伝道の時代を迎えます。そこで、あらためて「国際」という言葉の意味を辞典で確認いたしますと、

①諸国家・諸国民の交際。また、その関係。
②名詞の上に付けて、「諸国家・諸国民間の」「国と国との間の」の意を添える。

と記載されています。また、語誌《ごし》についても詳しく記されており、それによると「国際」という語は幕末から明治初期にかけて国際法の思想が移入してきた際に、盛んに用いられた漢訳洋学書《かんやくようがくしょ》の中に見られる「各国交際《かっこくこうさい》」という言葉から造られた和製漢語《わせいかんご》であったといいます。当初は、「diplomatic intercourse（諸国家・諸国民間の交際）」の訳語として用いられていましたが、明治三十年代あたりから「国際的」という表現が

よく見られるようになり、主立った用法として定着していき、「international」の訳語としての地位を獲得していったといいます（『日本国語大辞典（第二版）』第五巻・五七三頁参照）。

したがって、「国際」とは一八〇〇年代後半から使われ始めた比較的新しい言葉であったことが分かります。また、このことは日本人がそれまでこのような概念を、確固としてもっていなかったということを物語っています。今日では「国際的」のほかに「国際化」や「国際性」などといった言葉も、さまざまな場面で使用されるようになり、人々の間ですっかり定着した言葉となりました。ちなみに、「国際化」とは「国際的なものになること。世界に通用するようになること」（『日本国語大辞典（第二版）』第五巻・五七三頁）、「国際性」とは「一国内にとどまらず世界的に広がりのある性質。諸国家間に関係のある性格」（『日本国語大辞典（第二版）』第五巻・五七六頁）と、辞典には記載されています。

「国際」をはじめとするこれらの言葉は、現代社会の様相を端的に表現するものであり、今後ますます多用される重要な概念ではないかと考えられます。しかし、その一方で「インターナショナル」とカタカナで表記される程に身近になったためか、表面的で特徴的な部分のみの理解に陥りがちではないでしょうか。「国際」という二字において、「国」の部分はさまざまに変わりますが、「際」の部分が意味する交際、関係という在り方は基本的に変わりません。ですから、この交際、関係がいかに成立しているか、してきたかという「際《きわ》」の部分が重要であり、「国際」という言葉の本質はここにあると考えます。

仏教の国際性

このような意味を内在する「国際」という言葉をよくよく考えてみますと、実は仏教の歴史そのものではなかったかということができます。既に第一章でも述べられておりましたように、仏教はインドで生まれたあと、シルクロードの国々を経て中国に伝わり、日本の奈良の地に伝えられました。このようにインドから東へ東へと、仏教が未伝、未到達の地域へ伝播していったのであり、三国伝来《さんごくでんらい》・三国東漸《さんごくとうぜん》という歴史認識が今日では一般的です。この観点からすれば、仏教はまさに「各国交際」の中で流伝・存続してきた国際的な教えであったといってよいでしょう。

その終着点であった日本においては、時代の流れと共に独自の仏教が形成・展開され、多彩な様相を呈してきました。そして、明治時代を迎えると日本を出発点とする仏教のさらなる伝播《でんぱ》が展開することになるのです。したがって、インド以来の仏教の「各国交際」は今日においてもなお続いているのであり、潜在的に「一国内にとどまらず世界的に広がりのある性質（国際性）」を有し、常に「世界に通用するようになること（国際化）」をもって、如実にその根本的な在り方を表しているといってよいでしょう。

浄土真宗の国際伝道

日本仏教の各宗派の中でも、特に浄土真宗は早い時期から国際伝道が始まりました。本願寺派のアメリカ本土における伝道活動を担う米国仏教団《べいこくぶっきょうだん》（Buddhist Churches of America）は一八九九年に誕生して以来、百年以上の歴史をもつアメリカ最古の仏教組織といわれています。教団や各地の寺院は日本から移り住んだ方々のコミュニティとしての機能も果たしながら、その教線は次第に広がっていきました。このほか、ハワイ・カナダ・ブラジル・台湾における活動の歴史も古く、今日ではヨーロッパ・オーストラリア・ネパールにも活動は広まっています。

浄土真宗の国際伝道において、歴史が古いものは当時の日本国内の情勢との関わりが深く、前に述べた移民もその契機の一つです。そんな中でヨーロッパへの伝道については趣が異なります。ヨーロッパ最初の真宗者はドイツのハリー・ピーパー（一九〇七―一九七八）という方でした。もともと、ピーパー氏は上座部《じょうざぶ》の仏教《ぶっきょう》に傾倒されていましたが、一九五四年にベルリン工科大学へ磁気学の研究のために留学していた山田宰《やまだおさむ》（？―一九八七）との出会いが大きな転機となったようです。山田氏は自身の仏教の先生である花田正夫《はなだまさお》（一九〇四―一九八七）から、ドイツの方々に浄土真宗に親しんで欲しいと、ドイツ語訳の『歎異抄』（翻訳：池山栄吉《いけやまえいきち》〈一八七三―一九三八〉）を託されていたのです。このドイツ語訳『歎異抄』を通して、ピーパー氏は浄土真宗の教えに深く感銘を受け、山田氏と共に理解を深めていくこととなりました。その後、一九五六年に浄土真宗仏教協会を発足し、一九六一年には集会所を開設し、紆余曲折を経つつ今日に至っているようです。

浄土真宗とヨーロッパとの交際、関係がいかに成立したかというその際《きわ》の部分においては、まずドイツ語訳『歎異抄』が果たした役割は非常に大きく、これを持ち込んだ工学研究者の山田氏の存在も興味深いです。さらには、そこに浄土真宗の僧侶が居なくとも、その教えが伝わっていったということに注目されます。

このような僧侶不在の伝播は、日本からの移民と共に伝わったアメリカやブラジル等の事例とも共通する部分があります。つまり、浄土真宗の教えを伝道する役割を担う僧侶が不在であったとしても、広まり、伝わりゆく力を、その教え自身が有していることを如実に物語っています。このことは浄土真宗の国際性の特徴として、特筆すべきものといい得ます。

親鸞の「国際」意識　浄土真宗の国際伝道は明治以降に始まったものであり、開祖《かいそ》である親鸞《しんらん》（一一七三―一二六二）の著述の中に「国際」という言葉を、直接的に見出すことはできません。しかし、潜在的に「国際（性）／（化）」という在り方を有する仏教を通じ、親鸞がそれに関わる意識を何ももたなかったのか、ということについては大いに疑問が残ります。そこで、ここでは親鸞の「国際」意識について、検討してみたいと思います。

親鸞は平安時代から鎌倉時代を生き、主な住所は京都・比叡山《ひえいざん》・越後《えちご》・関東であり、その九十年の生涯においては一度も日本国内から出たことはないと伝わっています。そもそも、中世のほとんどの僧侶たちは、実際に中国やインドに行くことなく、一生を終えていたということであり、親鸞もその一人だったのです。中国やインドとの距離・所要時間すら知ることもなく、伝来してきた文献《ぶんけん》をたよりとし、各自の求道《ぐどう》や信仰《しんこう》を通して遠い異国の地を思い描いていたはずです。ですから、三国については独自の見方や考え方を、それぞれがもっていたに違いありません。日本思想史学者の市川浩史《いちかわひろふみ》は日本中世期における、これら三国の思想に関する特徴をいくつかあげるなか、外国的要素に接することで、自国についての見解・意識をも獲得することや、多くの場合は釈尊を通して原初の地であるインドに対する憧憬、思慕の念を喚起することなどを指摘しています。

親鸞はこれら三国について、どのような見方や考え方をもっていたのでしょうか。主著《しゅちょ》である『教行信証《きょうぎょうしんしょう》』の総序《そうじょ》においては以下の通り述べています。

ここに愚禿釈《ぐとくしゃく》の親鸞、慶《よろこ》ばしいかな、西蕃《せいばん》・月支《げつし》の聖典《しょうてん》、東夏《とうか》・日域《じちいき》の師釈《ししゃく》に、遇《あ》ひがたくしていま遇《あ》ふことを得たり、聞きがたくしてすでに聞くことを得たり。真宗の教行証を敬信《きょうしん》して、ことに如来の恩徳《おんどく》の深きことを知んぬ。

（『浄土真宗聖典（註釈版）』、一三二頁）

この「西蕃・月支」とはインド・西域《さいいき》の地域のことであり、また「東夏・日域」とは中国と日本のことです。これらインド・中国・日本の三国において成立した経典・論書・釈文《しゃくもん》に基づきながら、自身の仏道を探究してきたことを明らかにしています。また、「正信念仏偈《しょうしんねんぶつげ》」においては以下の通り述べています。

印度西天《いんどさいてん》の論家《ろんげ》、中夏《ちゅうか》・日域《じちいき》の高僧、大聖興世《だいしょうこうせ》の正意《しょうい》を顕《あらわ》し、如来の本誓《ほんぜい》、機に応ぜることを明かす。

（『浄土真宗聖典（註釈版）』、二〇二頁）

この一文に続けて親鸞はインドの龍樹《りゅうじゅ》（一五〇—二五〇頃）、天親《てんじん》（四〇〇—四八〇頃）、中国の曇鸞《どんらん》（四七六—五四二）、道綽《どうしゃく》（五六二—六四五）、善導《ぜんどう》（六一三—六八一）、日本の源信《げんしん》（九四二—一〇一七）、自身の師である源空《げんくう》（一一三三—一二一二）の七人の高僧について、それぞれの生涯や教義の特徴を示しつつ、讃嘆《さんだん》していきます。親鸞はインド・中国・日本の三国のなか、上記七人の高僧に依りながら自身の教義を体系化させていきました。

では、親鸞は自国である日本については、どのような理解・意識をもっていたかについて、うかがってみたいと思います。日本については「正信念仏偈」の源空の一段において「片州《へんしゅう》」と表し、ほかの著述には「粟散片州《ぞくさん》」と表すこともあります。中国やインドから見れば東の最果てに散在する小国であると、日本のことを貶《さげす》む呼び名です。親鸞にとって師である法然は東の果てにある日本に生まれ、仏教の真意を明らかにし、阿弥陀如来の本願の法をこの悪世に広めてくださった方であると、讃嘆しています。

一方、中国については総序にインドの東にあるという意の「東夏」（夏には大の意味がある）という名称を用い、「正信念仏偈」に中国が自国を尊ぶ「中夏」という名称を用いていることより、敬意を表しているといってよいでしょう。また、インドについては聖典が編纂され、「龍樹大士」あるいは「天親菩薩」と尊称を用い、菩薩が実際に居た仏教発祥の地として、さらに深い敬意を表しているといってよいでしょう。ちなみに、市川が指摘する釈尊を通しての憧憬、思慕の念については、同時代を生きた明恵《みょうえ》（一一七三―一二三二）が代表的ですが、親鸞にはあまり見受けられません。親鸞のインドに対する意識に関しては、龍樹の『十住毘婆沙論《じゅうじゅうびばしゃろん》』の教説理解とその活用に注目すべきであり、浄土教理史《じょうどきょうりし》のうえでも傑出《けっしゅつ》した存在です。

改めて考えてみますと、三国到来、三国東漸という歴史認識にしても、今日の浄土真宗における「国際」という意識にしても、発祥の地から、未伝、未到達の地へと広まり、伝わっていったことに着目するものです。しかし、親鸞の目線はその逆で、伝えられた側（日本）から、伝えた側（インド、中国）をみています。また、日本については貶称《へんしょう》を用い、中国、インドについては敬意を表しています。このような三国に対する見方や考え方については、前に引用した『教行信証』の総序の文の「遇い難い」という言葉と合わせて考える必要がありそうです。そもそも、インドからみると東の最果てにある日本において、インド・中国・日本で成立した経典・論書・釈文や、それら三国の七人の高僧の教えを見聞きするためには、国・言葉・時代等の絶対的な壁を越える必要があり、当時の状況を考えれば不可能といっても過言ではありません。ですから、親鸞在世当時にそれらが日本に揃っていたことは、非常に稀有《けう》なことといわざるを得ません。だからこそ、親鸞が「慶こばしいかな」と先んじて述べる心情は察して余るものがあり、遇うこと、聞くことを得ることができた理由は、この一段の締めにある「阿弥陀如来の恩徳」に尽きるということです。自らの力をもって絶対的な壁を越えていこうとするのではなく、自らの力がまったく及ぶところではないことを認識し、仏恩の深いことを尊ぶ中に、あらゆる壁を、あらゆる際《きわ》を越えていくことができる世界を知らされるのです。ここに親鸞の「国際」という意識を、見出すことができるのではないでしょうか。

浄土真宗の国際性

中世初期は武家政権《ぶけせいけん》の誕生という政治的・社会的な不安や危機意識と共に、末法到来《まっぽうとうらい》という宗教的な不安や危機意識が、人々の間に高まっていました。そんな状況で出発した鎌倉仏教においては、各自の依りどころとする仏教の歴史的な背景や由来の明確化が自然と求められ、そこにおいては歴史認識というものも問われることになりました。親鸞においては、インド・中国・日本の三国で成立した経典・論書・釈文に基づきながら、自身が依りどころとする阿弥陀如来の本願の教えの教理史的な背景を確かなものとしつつ、内外にその絶対性や普遍性を顕示する必要性があったのです。

この顕示において、先述の「国際」意識は重要であり、確固たる親鸞浄土教の成立や展開にも寄与しているといってよいでしょう。そして、今日の国際伝道においては、まさにその基盤であり、開祖である親鸞が直接語らずとも、伝道者が不在であったとしても、その教え自体に伝わり、広がりゆく力が具わっていることが実証されています。やはり、ヨーロッパ、ドイツへの伝道の在り方は大変興味深く、『歎異抄』が有する魅力を改めて感じるばかりです。主著である『教行信証』ではなく『歎異抄』であったという点は、両書の研究や、国内外への伝道においても、新たな視点を提示しているのではないでしょうか。いずれにしても、浄土真宗の国際性をもって、今後さらに展開していく可能性を十分に秘めていることは間違いありません。

（桑原昭信）

六　むすび

親鸞が明らかにした仏教、「浄土真宗」は初期のインド仏教、あるいはスリランカ、タイなどの上座仏教《じょうざぶっきょう》と比較すると教義・教学、儀礼など多くの点で違いがあります。また、大乗仏教の中でも親鸞の浄土教は特異な性格をもっています。さらに、罪悪性の自覚から実践修行を否定し、戒律をもたない真宗僧侶の生活については、しばしば批判があります。そこで、「浄土真宗は仏教ではない」という辛辣《しんらつ》な見方も出てくるわけです。

けれども、こうした親鸞浄土教に対する疑問・批判の根底には、思想は展開しないという理解があるように思われます。言い換えれば、答えは一つ、解釈はひとつ、しかも最初にあったものだけが正しく、後のものは認めないという考え方があるように思われます。

仏教思想の伝播《でんぱ》は、ブッダが目覚めた真理の解釈の歴史であり、それは真理自体がもっている可能性として、解釈の多様性を積極的に探求してきた伝統だともいえます。仏教思想の展開が「発展」ではなく、従来「発揮《はっき》」といわれてきた理由もここにあります。

親鸞は選択本願《せんじゃくほんがん》に基づく念仏往生の教えを法然より伝承し、浄土真宗を「大乗の至極《しごく》」、すなわち大乗仏教の究極であると理解しましたが、法然の教えと親鸞の教えの間にも、重なる点と違う点があります。親鸞の発揮があるのです。しかしこれは親鸞の勝手な解釈、恣意的な仏教理解では決してなく、親鸞自身が仏教の真理に基づきながら、創造的に仏教を解釈したものだと考えることができます。だからこそ、親鸞浄土教は仏教の一つの形でありながら普遍性をもった、いわば世界に展開する可能性をもった豊かな仏教思想だということができるのです。

（杉岡孝紀）

参考文献

赤松俊秀他編『親鸞聖人真蹟集成　第一巻』法藏館、一九七三年
浅井成海『浄土教入門』本願寺出版社、一九八九年
足立幸子「親鸞の回向義をめぐって――証空浄土教の一端を通して」『教学研究所紀要』八、二〇〇〇年
浅井円道他『天台本覚論』続・日本仏教の思想2、岩波書店、一九七三年、一七三頁
石井教道編『昭和新修法然上人全集』平楽寺書店、一九五五年
市川浩史『日本中世の光と影』、ぺりかん社、一九九九年、一一―一三頁
岡村周薩『真宗大辞典』永田文昌堂、一九七二年
金子大栄・大原性実・星野元豊『真宗新辞典』法藏館、一九八三年
河合隼雄「第五章　自然について」『宗教と科学の接点』岩波書店、一九八六年、一六六頁
教学伝道研究センター編『浄土真宗聖典全書（一）三経七祖篇』本願寺出版社、二〇一三年
教学伝道研究センター編『浄土真宗聖典全書（二）宗祖篇上』本願寺出版社、二〇一一年
教学伝道研究センター編『浄土真宗聖典（註釈版第二版）』本願寺出版社、二〇〇四年
桑原昭信「証空における『十住毘婆沙論』の受用について」『印度学仏教学研究』第六七巻第一号、二〇一八年
桑原昭信「親鸞の『十住毘婆沙論』「易行品」受用の研究」（学位論文）龍谷大学、二〇一三年
桑原昭信「弁長における『十住毘婆沙論』の受用について」『印度学仏教学研究』第六五巻第一号、二〇一六年

桑原昭信「法然における『十住毘婆沙論』の受容について」『真宗研究』第六一号、二〇一七年
桑原昭信「良忠における『十住毘婆沙論』の受用について」『宗学院紀要』第八九号、二〇一七年
国際仏教文化協会編『ヨーロッパの妙好人 ハリー・ピーパー師』永田文昌堂、一九八九年、三三一―四四頁
三枝博音『「自然」という名の歴史』『三枝博音著作集』第十二巻、中央公論社、一九七八年
浄土真宗本願寺派総合研究所編『浄土真宗聖典（注釈版）』本願寺出版社、二〇〇四年
浄土真宗本願寺派総合研究所編『『顯淨土眞實教行證文類』解説論集』浄土真宗本願寺派宗務所、二〇一二年
高田文英「親鸞における憶年の解釈」『真宗学』第一三四号、二〇一六年
玉木興慈「親鸞思想における疑蓋の意味」『真宗学』第一一一号・一一二号、二〇〇五年
梯實圓『法然教学の研究』永田文昌堂、一九八六年
平雅行『日本史リブレット二八　法然』山川出版社、二〇一八年
中村元『仏教語大辞典』東京書籍、一九八一年
早島鏡正・大谷光真『浄土論註』『仏典講座』二三』大蔵出版、一九八七年
村上速水『続・親鸞教義の研究』永田文昌堂、一九八九年
森英純編『西山上人短篇鈔物集』西山短期大学、一九八〇年
柳父章『翻訳の思想――自然とnature』平凡社、初版一九七七年、ちくま学芸文庫、一九九五年

コラム

親鸞《しんらん》と『歎異抄《たんにしょう》』

近代以降、一般的に親鸞（一一七三―一二六二）といえば『歎異抄《たんにしょう》』、『歎異抄』といえば親鸞と認識されるほど、親鸞の教えは『歎異抄』によって代表されていると考えられています。このような認識は、鳥瞰的《ちょうかんてき》には決して間違ったものではないと思われます。しかしながら、「親鸞＝歎異抄」といわれると、いささか違和感を覚えざるをえません。その違和感というのは、一つには親鸞が明かした浄土真宗の綱格《こうかく》である往還二回向《おうげんにえこう》の還相《げんそう》についての言及がみられないというものです。

往還二回向とは、衆生が浄土に往生し成仏する因果である往相《おうそう》も、また証果を開いた後に迷いの世界に還《かえ》り、衆生を救済する還相のはたらきも、共に阿弥陀仏の本願力回向によるものであることをいいます。この還相について、『歎異抄』には説かれていないということです。これは、『歎異抄』の説述が浄土真宗の体系を明かすことに目的があるのではなく、眼前の異義を正すための実践的問題に特化されて著されたもので、還相という証悟《しょうご》の本質を論じる必然性がなかったからだと考えられます。このような意味でいうならば、『歎異抄』に親鸞が開示した浄土真宗の全体像を求めるという問題設定は不合理な要求であって、『歎異抄』には『歎異抄』としての立ち位置、目的で説示されたものと理解しなければならないでしょう。

そして今ひとつの違和感は、親鸞は念仏の師である法然《ほうねん》（一一三三―一二一二）について、「高僧和讃《こうそうわさん》」法然讃の中で仏や勢至菩薩《せいしぼさつ》の化身《けしん》と明かしており、また『歎異抄』の後序《ごじょ》には、故聖人（親鸞）の御物語として示される信心一異《しんじんいちい》の問題について、法然は「自身の信心も親鸞の信心もただ一つなりと」と仰せられたと明かされています。それは同一の信心であるといわれながらも、どこまでも法然に裁可《さいか》を仰ぎ、真偽を教示する仰ぐべき師として、その存在が示されています。

このように示される親鸞と法然との関係性に比して、同じく『歎異抄』の師訓篇《しくんへん》に明かされる対話の説示は、親鸞と唯円は師と弟子ではありながらも、同時に、ともに信心の行者として、対話・問答する関係として記されています。そこでは「親鸞もこの不審《ふしん》ありつるに、唯円房《ゆいえんぼう》おなじこころにてありけり」と示されるように、信心の同行としての対話がなされ、そしてその対話を通じて互いが、響き応じる、いわば互いが学び教えられる「響感《きょうかん》」する同行の人間関係として把握されていると見ることができます。それは、親鸞が法然を仏・勢至菩薩の化身と見ていたあり様とは異なり、同心・同行の信心の人という関係としてみられていたことを示しています。このように、師と弟子でありながらも、ともに念仏する同一地平の人間としてみられた視点が、近代的思考である人間を主人公として捉え、語ろうとする思潮と相俟《あいま》って、『歎異抄』は近代合理主義の知識人に受け入れられたのではないかと考えられます。

（川添泰信）

参考文献

川添泰信「『歎異抄』における師と弟子の問題」矢田了章編『『歎異抄』に問う——その思想と展開』永田文昌堂、二〇〇七年、三一—六六頁
川添泰信「法然・親鸞・恵信尼・唯円における師弟の問題」『真宗学』第一三七号・一三八号合併号、二〇一八年、一—二〇頁

第II部　近代日本仏教の国際交流

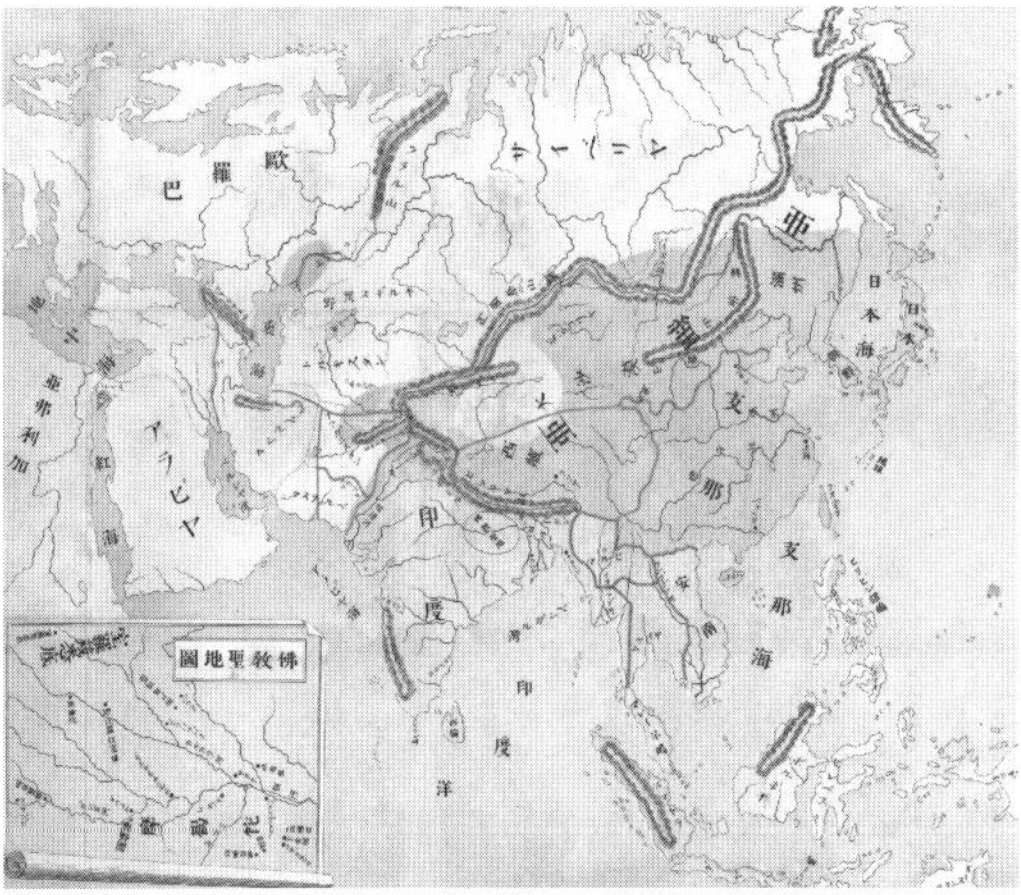

仏教国地図
(『海外仏教事情』第23集付録，1891年より)

第三章　明治仏教の国際化の歩み

一　維新の衝撃と仏教僧の欧州視察

江戸幕藩体制下の仏教教団は、キリスト教禁制対策の一環として、幕府から国教的な地位を与えられていました。しかし、十九世紀半ばには鎖国体制が解かれて開国が断行され、倒幕運動により二百六十年あまり続いた幕藩体制が解体しました。新たに生まれた明治政府は、天皇を中心とした中央集権的な近代国家の樹立を目指し、政府主導で矢継ぎ早な社会改革を進めていきました。

一方、それまで幕府からの保護と引き替えに、幕藩体制下の封建制度の中に組み込まれていた仏教教団は、突然に後ろ盾を失い、社会的・経済的な存立基盤が大きく揺らぎ、打開の道を見出せずにいました。さらに追い打ちをかけるように、廃仏毀釈という未曾有の混乱に巻き込まれ、仏教教団の滅亡さえも危ぶまれる状況に直面することになりました。

大きな危機感を抱いた各仏教教団の指導者たちは、明治元年（一八六八）十二月に諸宗同徳会盟という通仏教的な団体を結成し、混乱に立ち向かいました。諸宗同徳会盟は、明治政府に対して、新体制の下での仏教教団の位置付けについて、建白書を提出しましたが、その内容は必ずしも目新しいものではありませんでした。しかし、そうした宗派を超えた協力関係は、それまで日本仏教の歴史の中ではみられないものでした。明治三年（一八七〇）に大教宣布の詔を発した明治政府は、神祇省を設け神社制度を整理し、それを通して天皇による親政の正統性を強調しようとしました。しかし、準備不足や人材不足は明らかで、思うように国民に浸透しませんでした。そこで明治政府は、明治五年（一八七二）に教部省を新たに設置し、国民教化を担う教導職を設けました。教導職には、神道の神官だけではなく仏教の僧侶も任命され、活動の中心機関として仏教と神道が合同で運営する大教院が東京に設けられました。それに伴い、全国各地にも中教院・小教院が設置されました。

維新後、仏教教団が新たに直面した問題の一つに、新政府が進めた神道国教化への対応がありました。明

大教院は芝増上寺に置かれましたが、本堂の本尊が撤去され中央に神棚が設けられるという異様な光景の中で、仏教の僧侶たちも神道式の儀礼に参加しました。大半の仏教教団は、明治四年（一八七一）と明治八年（一八七五）の二回にわたって出された上知令により、寺領のほとんどが失われ、経済的に困窮し、抵抗する余力がありませんでした。

ところで明治政府は、キリスト教に対して、当初江戸幕府と同様に禁教政策をとっていましたが、欧米列国からの強い抗議を受け、明治六年（一八七三）にキリスト教禁止の高札を撤去し、キリスト教伝道は黙認されることになりました。以降、仏教教団にとって、キリスト教への対策も大きな課題となっていきました。

日本仏教の国際化の動きは、このような歴史的・社会的に大きな混乱期の中で始まりました。明治四年（一八七一）、外務卿であった岩倉具視《いわくらともみ》（一八二五―一八八三）を全権大使とする欧米使節団が、条約改正の

ための予備交渉と欧米の制度・文物の視察を目的に派遣されました。廃仏毀釈の嵐が吹き荒れるなか、使節団の一員でもあった木戸孝允《きどたかよし》（一八三三―一八七七）の勧めにより、西本願寺の指導者たちも、海外の宗教事情の視察を目的に使節団への参加を予定していました。

実際には、出発直前に西本願寺第二十代宗主広如《こうにょ》が歿したことから、当初予定されていた新門明如《みょうにょ》は本願寺住職を継職するために渡航できず、明治五年（一八七二）一月に梅上澤融《うめがみたくゆう》（一八三五―一九〇七）を団長に島地黙雷《しまじもくらい》（一八三八―一九一一）が補佐役となり、遅れて渡欧しロンドンで岩倉一行に合流しました。このときには、ほかにも光田為然《こうだいねん》（一八四八―一八七五）、赤松連城《あかまつれんじょう》（一八四一―一九一九、写真1）、堀川《ほりかわ》教阿《きょうあ》らが留学生として加わり、イギリス・フランス・ドイツで研鑽しました。

明治五年（一八七二）八月には、東本願寺がのちに第二十二代法主となる新門大谷光瑩《こうえい》（一八五二―一九三四）を団長に、松本白華《はっか》（一八三八―一九二六）、石川舜台《しゅんだい》（一八四二―一九三一、写真2）、成島柳北《なるしまりゅうほく》（一八三七―一八八四）、関信三《せきしんぞう》（一八四三―一八八〇）の五人を欧州に派遣しました。このように、明治維新から間もない時期に、

写真１　赤松連城
（徳応寺編『寺史』1992 年より）

写真２　石川舜台
（森龍吉編『真宗教団の近代化』真宗史料集成 12 巻、同朋舎メディアプラン、2003 年より）

島地黙雷や赤松連城、大谷光瑩や石川舜台といった、のちに東・西本願寺の指導者となる僧侶がヨーロッパで見聞を広めています。

二　「英語を話す僧侶」――赤松連城――

欧米使節団に参加した島地黙雷は、欧州視察中に見聞した欧米諸国で当然のように保証されている「信教の自由」の理念に基づいて、パリから「三条教則批判建白書」を提出しました。教部省がすすめていた大教院による神仏合同の国民教化策を批判したのです。このこともあり、明治八年（一八七五）に大教院は解散されることになりました。

信教の自由という近代的概念が、島地の建白によって、明治初めに日本社会に紹介されたのです。また、東・西本願寺から派遣された若い僧侶たちは、帰国後、欧州留学中に得た知識や経験を生かして、教団内だけでなく言論界・教育界・経済界など社会のさまざまな分野でも活動をしました。

とりわけ、赤松連城は「英語を話す僧侶」として外国人の間で有名だったようで、明治期に日本にきた多くの西洋人が、西本願寺の彼のもとを訪ねました。例えば、明治八年(一八七五)にエミュール・ギメ(一八三六―一九一八)が来日し、赤松と対話しています。ギメは、フランスの実業家で東洋思想や美術に深い関心をもち、ギメ東洋美術館の創設者として知られています。このギメを、連城は島地黙雷とともに西本願寺の飛雲閣で面談しました。対話には、東本願寺の渥美契縁《あつみかいえん》も臨席し、通訳を介して、縁起や原罪、創造主と阿弥陀仏、地獄と極楽など、キリスト教と仏教の広範な問題について、ギメの質問に赤松らが回答するというかたちで行われました。その対話の模様は、『問対略記』（干河岸、一八七七）として刊行されています。この本をとおして、赤松らがキリスト教の教義だけでなく、西洋の科学的な知識を既にかなり身に付けていたことがよく分かります。

明治十一年には、イギリスの女性旅行家イザベラ・バード（一八三一―一九〇四）が、西本願寺を訪問し、赤松連城に面会しています。バードはその様子について、彼女の旅行記『日本奥地紀行』に詳しく書き留めています。

まず、赤松の風貌について、「現れたその姿は私を裏切るものであった。背丈がかろうじて五フィート［一五〇センチ］あるにすぎないだけでなく、顔もよくなかった。（中略）ただ、その額は整い目は眼光鋭く輝いていた。」（バード、二〇一三）とバードは語っています。

しかし、すぐに彼との対話を通して、「赤松はとても紳士的で、礼をわきまえた人物だったし、表現力にあふれた英語を驚くほどうまくしゃべることができた。」（同前）と、赤松に対する評価を修正しています。特に、赤松の英語力にバードはずいぶん感銘を受けたようです。そして、浄土真宗の在家主義にも関心を寄せ、次のように記しています。

　またその顔には、仏教の僧侶の顔に普通みられる間の抜けた表情や信心深げな表情がほとんどない。禁欲や俗人の責務、楽しみから切り離されなくてよいことを信条としており、その分、より健全で人間的である。（同前）

さらにバードは、赤松が中心となって教育改革を行った西本願寺の大教校（龍谷大学の前身）のことについて、次のように記録しています。

> 今も京都に、種々の教育目的のためのすばらしい設備を備えた学校の新校舎が建築されつつあり、梵語の学習のために若い僧侶若干名を英国に派遣し、キリスト教との論争に備えようとしている。
>
> （同前）

ここでバードが言及している「新校舎」とは、明治十二年（一八七九）に竣工した大教校の校舎（現在の龍谷大学大宮キャンパス）のことで、その目的の一つとして、英国に若い僧侶を送って梵語を学ばせることがあると書いています。これはのちに普通教校を卒業した澤井洵（後の高楠順次郎《たかくすじゅんじろう》）が、明治二十三年（一八九〇）にイギリス・オックスフォード大学に留学し、マックス・ミュラーのもとでサンスクリット語（梵語）を学ぶようになることで実現することになりました。

また、赤松連城は明治十二年（一八七九）に、海軍卿川村純義《すみよし》の案内で、西本願寺を訪問したイギリス議員リードと面会しています。リードは、当時英国造幣局の専務であり、軍備の増強を進めていた明治政府にとって重要人物だったようです。そして、赤松はこのリードの求めに応じて、英語で真宗教義の大意を概説した *A Brief Account of Shinshiu* を執筆しています。恐らくこの英文は、現時点で確認できる真宗教義について英語で書いた最初の事例だと考えられます。

原文は、『興隆雑誌』第三号の付録として公刊されています。興味深いのは、アメリカのキリスト教宣教会が定期的に発行していた *The Missionary Herald* 誌の一八七九年十二月号に、その全文が紹介されていることです。キリスト教の説教師たちの側も、浄土真宗の教えや「英語を話す僧侶」赤松連城に関心をもっていたことが分かります。

三　東・西本願寺のアジア開教

明治初期に欧州を視察した、東本願寺の大谷光瑩《こうえい》・松本白華《はっか》・石川舜台《しゅんだい》・成島柳北《りゅうほく》・関信三《しんぞう》らも、帰国後にさまざまなかたちで東本願寺教団の近代化につとめました。石川舜台や松本白華は、特に東アジア地域への開教を推し進めました。

もともと東本願寺は、中国・朝鮮への海外開教にいち早く取り組んでいました。例えば、明治六年（一八七三）に東本願寺の小栗栖香頂《おぐるすこうちょう》（一八三一―一九〇五）は、支那国布教掛に任命され、上海で中国人を対象に浄土真宗の布教に着手していました。

当初の小栗栖の中国布教は、のちに東・西本願寺が積極的に取り組んだ在留日本人への伝道ではなく、現地の中国人を対象にした真宗伝道でした。そのために小栗栖は、中国語のできる真宗僧侶の養成の必要性を東本願寺に訴えました。それには、中国の仏教徒と連帯してキリスト教に対抗しようという意図があったからでした。明治九年（一八七六）には、上海に東本願寺の上海別院が創設され、谷了然が初代輪番となりました。また、日本人に中国語を教授する江蘇教校も併設されました。翌年、東本願寺事務所長であった石川舜台は、欧州視察で一緒だった松本白華を、谷の後任の上海別院輪番に任命して中国布教の最前線に立たせました。また、同年に奥村圓心らを釜山に派遣して朝鮮布教にも着手しました。

石川の回顧録によれば、この中国・朝鮮開教の目的は、キリスト教の東アジアでの拡大を阻止することにあり、そのためには、中国・満州・蒙古にあるラマ（喇嘛）教と連帯して、さらに西に進みロシアへ布教する必要があると考えていました（高西、一九三七）。既に述べたように、幕末・明治初期の仏教教団にとってキリスト教解禁への対策は、大きな課題でした。けれども、東アジアの仏教徒と連帯してキリスト教の流入を防ぐという大アジア主義的な発想だけでなく、さらに隣接するロシアへの仏教の布教へと積極的に出ていくという考えは、石川が欧州視察によって得たものであったことは明らかです。

ただし、それがどこまで実現可能であったのかという点には疑問も残ります。また、日清戦争後になると、停滞していた中国・朝鮮における真宗布教に、西本願寺も加わり再び活発になりました。しかし、そこには当初みられたような東アジアの仏教徒の連帯、あるいは現地人への布教といった活動はほとんどみられなくなりました。

四　破邪と「本邦ノ新教」としての浄土真宗

明治六年（一八七三）、欧州留学から帰国した東本願寺の成島柳北は、新たに設けられた翻訳局の局長に就任し、キリスト教やインドの諸宗教について書かれた英語文献の翻訳に取り組みました。

仏教の側のキリスト教への対策は、既に幕末期から始められていました。例えば、東本願寺の僧で、キリスト教対策のために設けられた耶蘇防禦係であった樋口龍温《ひぐちりゅうおん》（一八〇〇―一八八五）は、長崎でキリスト教の宣教師に接触し、キリスト教に関する漢訳典籍を収集していました。当時は、まだ禁書であったはずの書物を、危険を冒して入手していたのです。さらに龍温は、明治維新を迎えると、宗学を研究する機関であった学寮内に護法場を設けて、キリスト教研究を継続しました。

同様の動きは西本願寺においてもみられ、超然《ちょうねん》（一七九三―一八六八）や原口針水《はらぐちしんすい》（一八〇八―一八九三）も、キリスト教の典籍を収集し、その読解を通して理解につとめました。そして、外敵から国を守る護国とキリスト教の排斥を結びつけて、仏教の教えを守ろうとしました。明治元年（一八六八）には、僧侶教育機関であった学林の改革が行われ、キリスト教対策を学ぶ破邪学科が設置され、その責任者に原口針水が就任しました。原口は幕末期には長崎でキリスト教の宣教師フルベッキらに接触してキリスト教教義を学び、破邪の第一人者と目されていました。そのときに破邪学科の定員は二十人に定められましたが、その人数は真宗教義を学ぶ宗学の学生数と同じ数でした。そのことは、西本願寺がキリスト教への対策を教団としていかに重要視していたかを端的に示しています。

欧州を視察した島地黙雷は、幕末の安政四年（一八五七）に肥後の原口針水の私塾累世黌で真宗の研鑽を積みました。このときに原口から直接キリスト教について学んだのかは不明ですが、いずれにしても、島地は「雨田旧夢談」（島地、一九七八）において、キリスト教を批判する「排耶論」の文献を読んでいたことを明かしており、キリスト教にも精通していたと考えられます。

島地黙雷は、欧州視察中にも日記等に何度もキリスト教について言及しています。例えば、『航西日策』では西洋社会におけるキリスト教の影響力の大きさに驚くとともに、全知全能の神の存在を信じて疑わない人々が、愚信を立てた後に制度設計をしていることは恐ろしいと書き留めています。しかし、その一方では在家主義的な浄土真宗は「本邦ノ新教ト云ハン歟」（島地、一九七三）と、真宗はキリスト教のプロテスタントだとも述べています。島地は、浄土真宗は近代化に最も適した宗教であることを「本邦ノ新教」という言葉で示そうとしていると考えられます。このようなキリスト教に対する反発と近代化した西洋社会に対する羨望とが交錯しているところに、島地が欧州視察から得た衝撃の大きさがあらわれています。

島地は、視察中に「天地創造」「イエスの復活」「原罪」といったキリスト教の根幹をなす教義が、進化論や科学的な世界観から厳しく批判されていることを目の当たりにしたようです。帰国後、縁起の道理を説く仏教は、科学的なものの見方と矛盾しない近代にふさわしい宗教であると主張しています（島地、一八七五）。排斥一辺倒のそれまでの議論から、仏教こそが近代にふさわしい宗教であるという積極的な仏教論へとシフトしたのです。明治十年代後半になると、井上円了《えんりょう》（一八五八―一九一九）らが、同様の視点からキリスト教を批判するようになりますが、その先駆的な視点が島地に既にみられるのです。

明六社を中心に啓蒙思想が発達し、キリスト教に対する邪宗観が弱まり、明治八年（一八七五）に政府より「信教の自由の口達」が発布されると、邪宗論によりキリスト教を批判することは意味をなさなくなりました。すなわち、その後の批判は、国家と宗教、宗教と教育などの政教問題や労使関係や倫理などの社会問題、そして哲学的、宗教学的な立場での対立や宗教と科学の関係性をめぐる哲学的・思想的な問題へと変化していきました。

その一方で、日本仏教の国際化でも新しい展開がみられました。日本仏教と欧米の仏教に関心をもつ知識人や「白人仏教徒」とのネットワークが形成されたのです。

五　欧州留学経験者と国際ネットワークの形成

明治初めの中国との交流関係では、キリスト教流入に対して連帯して抵抗することが日本人の仏教徒にとって大きな目的の一つでした。一方、欧米諸国との交流の目的は、近代的な仏教研究の方法を身につけるためでした。日本人仏教徒と中国との関係は、しばらく停滞が続き、日清戦争以降になると植民地支配をめぐって新たな展開をみせることになります。その意味では、明治初めに最も活発に展開された仏教国際ネットワークの形成は、欧米諸国との関係を中心としたものであったということができます。

ここでは、明治初めの日本仏教の国際交流と国際的なネットワークの形成について、まず欧米留学による近代仏教学の受容という糸口から辿ってみることにしましょう。

欧州視察から帰国した東本願寺の大谷光瑩は、南条文雄《なんじょうぶんゆう》（一八四九―一九二七）と笠原研寿《けんじゅ》（一八五二―一八八三）をイギリス・オックスフォード大学のマックス・ミュラーのもとへ留学させました。彼らは、視察団の一員で東本願寺の翻訳局の局長であった成島柳北のもとで働いており、光瑩は欧州視察中に胸にいだいていた計画を実行に移したのです。

南条は漢文の高い素養をすでに身につけていました。そのため、『仏説大無量寿経』や『仏説阿弥陀経』といった浄土教経典の英訳に加え、サンスクリット語の原本が存在しない『仏説観無量寿経』を漢訳から英訳し、ミュラーが当時編纂していた『東方聖典《とうほうせいてん》』に編入することに大きく貢献しました。また、南条が修士号の学位のために提出した中国の漢訳経典のカタログ『大明三蔵聖教目録《だいみんさんぞうしょうぎょうもくろく》』（*Catalogue of the Chinese*

Translation of the Buddhist Tripitaka)』は、その後「南条カタログ」と呼ばれ、欧米における漢訳仏典の研究で必須の文献となりました。南条は帰国後すぐに東京大学に開設された梵語学講座の初代の講師となり、日本における近代仏教学研究の礎を築くことになりました。

西本願寺も欧州視察団が帰国すると、すぐに欧米へ留学生を派遣しました。まず、明治八年（一八七五）に、今立吐酔《いまだてとすい》（一八五五―一九三一）をアメリカに派遣しています。今立は五年間留学し、ペンシルベニア大学を卒業しました。

また、明治十四年（一八八一）には北畠道隆《どうりゅう》を欧米に派遣しています。翌十五年（一八八二）に藤枝澤通《たくつう》と藤島了穏《りょうおん》をフランスに留学させ、当時パーリ語経典の研究では第一人者であったシルヴァン・レヴィのもとで研究させています。さらに、同じ年に菅了法《すがりょうほう》をイギリスに派遣してサンスクリット語を学習させています。

明治二十三年（一八九〇）には、高楠順次郎が、私費でイギリスのオックスフォード大学に留学し、南条文雄らと同じくマックス・ミュラーのもとでサンスクリット語を学びました。南条文雄と高楠順次郎は、国際的な知名度が高かったこともあり、明治初期から中期にかけて、国際的な仏教のネットワーク構築において、重要な役割を果たしました。

六　「白人仏教者」オルコットの来日

明治十七年（一八八四）、西本願寺の赤松連城は、東京大学のお雇い外国人教師アーネスト・フェノロサ

（一八五三―一九〇八）とその友人であったウィリアム・ビゲロー（一八五〇―一九二六）の訪問を受けました。赤松との面談の中で、ビゲローは神智学協会の会長をしているアメリカ人のヘンリー・スティール・オルコット（一八三二―一九〇七、写真3）が、英領植民地事務局にセイロン（現在のスリランカ）の仏教徒に対する保護を要請していることを知りました。

実はその前の年に、赤松連城はオルコットの名前を既に聞いていました。それは同じ西本願寺の水谷涼然《りょうねん》が、オルコットが書いた *The Buddhist Catechism* の本と水谷宛の手紙を携えて、熊本にいた赤松のもとを訪問していたのです。そのときはそれほど気にもとめていなかった赤松も、ビゲローらの話を聞いて彼にとても興味をもったようです。すぐにアメリカ留学から帰国した今立吐酔にその本の翻訳を依頼しました。そして、明治十九年（一八八六）に赤松が緒言を書いて『仏教問答』という書名で出版されました。

この本は予想以上に評判となり、オルコットは衰退しつつあったアジアの仏教を回復するために東奔西走する西洋人として一躍有名になりました。それまで廃仏毀釈の風潮に苦しみ、キリスト教対策に頭を悩ませていた日本の仏教徒にとって、いわば予期せぬ方向から突然友軍が現れたような出来事でした（奥山、二〇一二）。

写真3　オルコット
（カーネル・オルコットほか『雄氏広陵演説録』1899年、国会図書館デジタルコレクションより）

一方、そのようなオルコットの活動を知った京都の英語学校オリエンタル・ホールの平井金三《ひらいきんざ》と東本願寺の僧侶佐野正道は、この「白人仏教者」（ホワイト・ブッ

写真４『反省会雑誌』初号

ディスト）に関心をもち、日本に招こうという計画を立てます。明治二十年（一八八七）に、平井と佐野は「神智学協会日本支部」を開設しました。さらに佐野は、翌年、オルコットが書いた *The Golden Rules of Buddhism* を翻訳し、『仏教金規則』と題して出版し、明治二十二年（一八八九）には『欧米之仏教』という雑誌を発行しています。そして、佐野らの努力により、同年にオルコットは初めて日本の土を踏むことになりました。ただ、当初この招聘に対しては、反省会などからの批判もありました。

来日したオルコットは、全国三十三か所で七十六回の講演を行い、各地で大歓迎を受けました。このときにオルコットは、まだ若いセイロンの青年、アナガーリカ・ダルマパーラ（一八六四―一九三三）を伴っていました。ダルマパーラは、それまでオルコットとともにスリランカの仏教復興のための活動をしていましたが、その後ブッダガヤなどのインドの仏教聖地回復運動を開始し、若い日本の仏教僧侶も彼とともにブッダガヤを訪問するなど、日本仏教とのネットワークを広げてゆきました。

オルコットが熱狂的に迎えられた理由としては、彼の自信にあふれた弁舌と精力的な活動があったことはもちろんですが、もう一つの大きな理由として各地の仏教徒が結成していた結社の存在があったことも留意すべきです。彼らは全国でオルコットの講演会を支援しました。さらにこの時期には、多くの仏教雑誌、例えば『反省会雑誌』（明治二十年、写真4）や『海外仏教事情』（明治二十一年）だけでなく、天台宗の『四明余霞』（明治二十一年）、浄土宗の『浄土教報』（明治二十二年）などが刊行されていました。これらの雑誌も盛んにオルコットらの活動を取り上げたことから、全国で一種の「欧米仏教」ブームが巻きおこったことも追い風になりました。（中西・吉永著、二〇一五）

とりわけ、明治十八年（一八八五）に開校された西本願寺の普通教校には、それまでの伝統的な僧侶養成機関を継承した大教校と異なり、自由で斬新な気風に満ちていました。翌十九年（一八八六）に普通教校の学生により結成された「反省会」は、明治二十年（一八八七）八月に『反省会雑誌』という機関誌を発行しました。近代的な仏教改革の主張と並んで禁酒などの社会改良運動を啓蒙し、雑誌は全国に多くの購読者を得ました。雑誌には、やはり普通教校の教員学生たちにより結成された欧米通信会編集の「欧米（仏教）通信会報」が掲載されました。仏教について関心をもつ欧米人からの書簡が日本語訳で紹介され、その情報に人々は沸き立ったのです。ちょうどそこにオルコットという本物の「白人仏教者」が目の前に現れたのでした。

島地黙雷、赤松連城、大谷光瑩らの欧州視察から、南条文雄、高楠順次郎らの留学、そして「白人仏教者」オルコットの登場とそれを熱狂的に迎える全国の日本人仏教徒の姿というかたちで、明治初めの日本仏教の国際化は次第にその交流の裾野を広げていったのです。

七　セイロン・インドへの日本人僧侶の留学

この時期のもう一つの日本仏教の国際交流の展開として、セイロンやインド、さらに東南アジアへの日本人僧侶の留学も多く見られました。

そのきっかけは、南条文雄とともにイギリスに留学していた笠原研寿が、病気療養のために日本へ帰国する途上、明治十五年（一八八二）にセイロンに立ち寄り、コロンボでセイロン仏教を代表する学僧スマンガロや神智学協会コロンボ支部の人々と交流の機会をもったことにありました。笠原に会ったスマンガロ長老は、キリスト教の抑圧に対抗するためには仏教徒として互いに交流・連帯すべきであり、そのために若い日本人僧侶をセイロンに派遣することを要請したのです。

笠原は帰国直後に歿しますが、このスマンガロ長老の提案は、当時十善会を創設し持戒主義を唱えていた真言宗の釈雲照《しゃくうんしょう》（一八二七—一九〇九）の関心を惹き、明治十九年（一八八六）に雲照は、甥の釈興然《こうねん》（一八四九—一九二四）をパーリ語研修のためセイロンへ派遣しました。

また明治二十年（一八八七）に臨済宗が釈宗演《そうえん》をセイロンへ、翌年には、東本願寺が織田得能《とくのう》をシャム（タイ）へ、朝倉了昌をセイロンへ、真宗仏光寺が善連法彦をシャムとセイロンへ、真宗誠照寺が小泉了諦をセイロンへと派遣しました。さらに明治二十二年（一八八九）には、西本願寺が徳澤知恵蔵《とくざわちえぞう》をセイロンへ、東温譲《ひがしおんじょう》をインドへ、明治二十六年に天台宗が大宮孝潤《こうじゅん》をセイロンへ派遣しました。

このように明治十年代の後半から二十年代にかけて、多くの日本人僧侶が、欧米への留学だけでなく、セイロン・インド・シャムなどにも留学しています。これらの日本人僧侶は、現地でパーリ語を学ぶとともに、オルコットの神智学《しんちがく》協会やダルマパーラが設立したマハボディ・ソサエティ（大菩提会）の人々とも交流しました。さらに、明治三十年代以降になると、大谷探検隊のように、チベットや中央アジアへ古い経典を求めて探査するという動きもみられるようになります。

八　普通教校と『海外仏教事情』の刊行

次に、西本願寺の普通教校の教員学生たちによる海外宣教会の結成、その機関誌である『海外仏教事情』と日本最初の英語仏教雑誌 *The Bijou of Asia* の創刊について取り上げることにしましょう。

「欧米通信会」は、西本願寺の普通教校の教員・学生たちにより明治二十年（一八八七）に結成され、『反省会雑誌』創刊号に「欧米通信趣意書」を発表しました。「欧米通信趣意書」は残念ながら現在不明ですが、同誌第二号より第九号に「欧米仏教通信会報」を掲載し、欧米やインドの仏教徒・神智学関係者からの手紙や、仏教に関する欧米の新聞雑誌の記事などを翻訳して紹介しました。

さらに明治二十一年（一八八八）八月、欧米通信会は「海外宣教会」と名称を変えました。赤松連城が会長となり、里見了念《さとみりょうねん》、神代洞通《こうじろどうつう》、日野義淵《ぎえん》、松山松太郎《まつたろう》ら普通教校の教員が役員に就任しました。そして、同年十二月に独立した機関誌として『海外仏教事情』を創刊しました。会員には西本願寺関係者だけでなく、天台宗、真言宗、臨済宗などの僧侶、一般の在家信者も加入しました。

海外宣教会の結成にあたり、明治二十一年（一八八八）の『反省会雑誌』第二号には「海外宣教会設立趣意書」が付録として刊行されています。ここでは、まず海外宣教会が仏教に興味を示すウィリアム・ジャッジ（一八五一―一八九六）ら欧米の神智学関係者との交流が発足したことが述べられています。アメリカ神智学協会の総理をしていたジャッジが、機関誌の *The Path*（『パスツ雑誌』）を同会に送り、そのことがきっかけとなりインドの仏教復興運動との通信も始まったことなどが述べられています。そして、仏教に対して欧米での関心が高まっていることに対応して、海外への布教の準備をすすめることが要請され、それに対する日本人仏教徒の協力が求められています。そして、最後には、それが教団の改革だけでなく、停滞している仏教の活性化にもつながると結んでいます。

『海外仏教事情』の記事を通して、欧米仏教についての関心が大きく膨らんでいた日本の仏教徒たちは、海外の仏教徒たちの姿やその声に心を奪われました。例えば、仏教の国際的なネットワークがもつ可能性に対する雄弁な主張、神智学論集やブラヴァツキーなどの仏教論、さらにはマックス・ミュラーなどの近代仏教学の見地からの仏教教理に対する議論などが掲載されました。その一方で、西本願寺の曜日蒼龍《かがいそうりゅう》によるハワイ開教への支援問題や、ダルマパーラによる仏蹟復興運動、さらにはシカゴ万国宗教会議に関する記事など、この時期の仏教をめぐる大きな国際的な出来事を誌面で取り上げています。

しかし、次第に神智学に対する疑問や批判が生まれ、オルコットなどへの批判も『海外仏教事情』に掲載されるようになります。また、明治二十二年（一八八九）の曜日蒼龍のハワイ開教への支援をめぐる問題では、超宗派的な運営を建前にしていた海外宣教会内でも批判が起こるようになりました。布教活動は、どうしても宗派ごとにならざるをえない側面もあり、次第に海外宣教会の中にも不協和音が生じるようになりました。さらに、明治二十六年のシカゴ万国宗教会議への出席をめぐっては、超宗派的に代表を送ることなどが提案されましたが、結果的には各宗派間の同意が得られませんでした。こうして海外宣教会の活動も低調になり、『海外仏教事情』は、同年十一月に出された第四十号を最後に廃刊されました。

九　*The Bijou of Asia* と出版と通信による仏教ネットワークの試み

海外宣教会の幹部の一人で普通教校の英語教師をしていた松山松太郎（緑陰）は、当時まだ学生であった澤井洵（後の高楠順次郎）の協力を得て、明治二十一年（一八八八）七月に、日本最初の英語仏教雑誌 *The Bijou of Asia*（『亜細亜之寶珠』、写真5）を創刊しました。この雑誌は、海外宣教会の英文機関誌としての性格を有しており、ここに英語を共通語として、日本、セイロン、インド、アメリカ、ヨーロッパの間に、出版と通信による仏教ネットワークが生まれたのです（中西・吉永、二〇一五）。

The Bijou of Asia は、世界中の大学・研究所・図書館・宗教団体・協会などに送られました。『海外仏教事情』に掲載されている記録では、その年の発行部数は全部で千三百九十部ありました。それをアメリカ六十五か所、イギリス三十三か所、インド八十六か所、タイ六か所、フランス三か所など、世界中の二百七十か所に送ったのです。この雑誌は、明治二十二年八月に刊行された第五・六号の合併号を最後に刊行されていませんので、短命な雑誌といえるかもしれ

THE BIJOU OF ASIA.

No. 1.　KOBE, JAPAN, JULY, 1888.

WHAT WE MEAN.

写真5　海外宣教会の英文機関誌 *The Bijou of Asia*（亜細亜之宝珠）創刊号紙
（中西直樹・吉永進一監修『海外仏教事情・The Bijou of Asia（復刻版）』三人社 2014—2015 より）

ません。しかし、前年にアメリカ・カリフォルニア州サンタクルーズでフィランジ・ダーサが発行した *The Buddhist Ray* と並んで、世界的にみて最も古い英文仏教雑誌の一つといえます。英語を母国語としない日本の仏教徒が、国際的な仏教徒間の交流を図ろうとした志には、目を見張るものがあります。

The Bijou of Asia の第一号には、松山松太郎の巻頭言が掲載されています。そこで松山は、まず「アジアは世界の中で最も広大な地域であり、地理的・歴史的に、あるいはむしろそれよりも物質的・道徳的な面で非常に注目すべき地域」であり、特に「マホメット教、バラモン教、仏教、キリスト教という四つの世界の偉大な宗教がこの土地に起源をもつという事実」を指摘しています。当時、日本が近代化の手本としていた欧米社会にひろがっているキリスト教も、もともとアジア発祥の宗教であるというのです。このことは、明治維新以降に進められた近代化が欧化主義という実質をもってすすめられ、欧米社会に対する日本人の劣等感が助長されていることへの反発も含まれているとも考えられます。松山には、明治二十年代半ば以降強くなる、欧米列強の植民地化に抵抗するアジア主義的な思想と共通した認識があったようです。

松山は、キリスト教は、今や欧米で急速に没落しつつあると指摘していますが、そうした情報を彼は、神智学協会員ら、海外の仏教に関心をもつ人々との通信を通して得ていました。さらに「仏教は道徳的真理の教え」であり、真の仏教徒となることは人類すべての利益に貢献するとも主張しています。そして、宗派の違いを超えた連帯を築くため、相互の理解が重要であり、そのためには仏教書を英訳し互いに通信することが必要であると主張しています。すなわち、通信と出版による仏教国際ネットワークの構築を世界中に呼び掛けているのです。

この呼び掛けに応じて寄せられたさまざまな通信の中には、仏教を伝道できる人物をアメリカに派遣してもらいたいという要請もありました。しかし、この国際ネットワーク構築の試みも、無償で世界に雑誌を送るための資金繰りの問題もあり、結局は一年ほどで挫折してしまいました。

これまで述べてきたような、明治初めからの国際ネットワークの形成の試みは、明治二十年代半ば以降、廃仏毀釈で打撃を受けた各宗派の立ち直りもあり、皮肉なことに宗派間の協力に消極的になった各仏教教団の動きの中で停滞していきました。また、全国各地に生まれた結社とその機関誌による言論活動も、民衆の民権運動や社会運動を抑制するために政府が出した法令などにより低調になりました。代わって、日清戦争の勝利以降は、アジア諸国に対する同胞意識からアジアの盟主意識との意識が多くの日本人に定着したことで、仏教の国際ネットワークに対する関わり方を大きく変えていくことになりました。

一方、そのような政治状況とは無関係に、明治三十年以降になると、例えば近代仏教学からの大乗非仏説という批判に対して、大乗が仏説であることの根拠となる未発見の古い経典を求めて、チベットやヒマラヤの奥地、さらには大谷探検隊のように中央アジアに出かける日本人仏教徒の活動が新たな展開としておこりました。

（嵩　満也）

参考文献

イザベラ・バード著・金坂清則訳注『完訳日本奥地紀行』東洋文庫八一九・八一三・八二八・八三三、平凡社、二〇一二―二〇一三年

奥山直司「明治仏教と神智学の出会い」『春秋』春秋社、二〇一一年
柏原祐泉編「維新期の真宗」『真宗資料集成』第十一巻、同朋舎、一九七五年
島地黙雷「三条弁疑」『報四叢談』第八号附録、一八七五年
島地黙雷著、二葉憲香・福島寛隆編『島地黙雷全集』第一巻、本願寺出版、一九七三年
島地黙雷著、二葉憲香、福島寛隆編『島地黙雷全集』第五巻、本願寺出版、一九七八年
高西賢正編纂『東本願寺上海開教六十年史』東本願寺上海別院、一九三七年
嵩満也「シカゴ万国宗教会議と明治初期の日本仏教界――島地黙雷と八淵蟠龍の動向を通して」『龍谷大学国際社会文化研究所紀要』第十三号、二〇一一年
中西直樹・吉永進一監修『海外佛教事情・The bijou of Asia（復刻版）』三人社、二〇一四―二〇一五年
中西直樹・吉永進一著『仏教国際ネットワークの源流――海外宣教会（1888年～1893年）の光と影』三人社、二〇一五年
中西直樹、那須英勝、嵩満也編著『仏教英書伝道のあけぼの』法藏館、二〇一八年
千河岸貫一筆録『問対略記』明教書肆、一八七七年。後に柏原祐泉編『維新期の真宗』真宗史料集成第十一巻、同朋舎、一九八三年に収録。
東本願寺上海別院編『東本願寺上海開教六十年史』資料編、一九三七年

コラム

近代仏教の中の国際ネットワーク

日本の仏教は、近代に著しく国際化しました。鈴木大拙（一八七〇―一九六六）がアメリカで禅を広めた、という話はよく知られます。この話に代表されるように、近代仏教とはグローバルな現象です。もちろん、そもそも仏教は、インドから中国を経て日本にわたってきたグローバルな宗教です。とはいえ、近代にはその国際性が、それまでとは質的に大きく変化します。

◆グローバルな現象としての近代仏教

何より重要なのは、西洋世界との接続です。仏教はもともとアジアの宗教ですが、これがヨーロッパやアメリカなど西洋の国々にも受容され、さらに西洋人とアジアの仏教関係者とのネットワークが形成されたことで、仏教は、前近代とは異質のグローバル化を遂げるのです。

西洋世界で仏教に共感した人物には、オックスフォード大学のマックス・ミュラー（一八二三―一九〇〇）のような研究者から、ヘンリー・スティール・オルコット（一八三二―一九〇七）という神智学協会（神秘主義的な団体です）の創始者まで、やや幅が広いです。とはいえ、彼らの多くは、西洋のキリスト教にはない魅力を、東洋の宗教である仏教に感じました。そして、ミュラーのもとに真宗大谷派の南条文雄《なんじょうぶんゆう》（一八四九―一九二七）が留学したり、オルコットが来日した際に仏教界の大歓迎を受けたりする

写真1　右から笠原研寿、マックス・ミュラー、南条文雄
（南条文雄編『笠原遺文集』1899年より）

など、彼らはしばしば、日本の仏教者と深く交流しました（写真1）。

◆**ブッダを求めて**　一方で、日本とアジアの新たな関係も重要です。まず、インドを目指す日本の僧侶たちが、明治期から何人か出てきます。それは、まずもって、仏教の創始者であるブッダにちなんだ聖地巡礼でした。近代以前にもインドに行きたがった日本の僧侶はいましたが、いずれも失敗しており、近代になりはじめて、悲願が達成されるのです。本願寺派の北畠道龍《きたばたけどうりゅう》（一八二〇―一九〇七）が早い例です。彼は一八八三年に、ブッダが悟りを開いた地であるブッダガヤを訪問しました（ただし、彼はここをブッダの入滅の地と勘違いしています）。その後、太平洋〜インド洋間の交易や、観光業の発達などとともに、インドを聖地巡礼する日本の僧侶は、徐々に増えていきます。

また、同じ南アジアのスリランカに留学する僧侶も出現します。鈴木大拙の師僧である臨済宗の釈宗演《しゃくそうえん》（一八六〇―一九一九）や、同地で日本の大乗仏教とは異なる上座部仏教の素晴らしさに目覚めた、釈興然《しゃくこうぜん》（一八四九―一九二四、写真2）などがいます。後者は、日本に帰国後、戒律がおよそ守られていない日本

写真２　釈興然
（『海外仏教事情』第10巻３号、1944年より）

の仏教界を批判し、ブッダが示した本来の仏道を広めるための運動に取り組みます。

◆帝国主義と移民の仏教

以上にみたのは、インテリやエリート層の仏教者が中心ですが、もっと庶民的なレベルでも、仏教の国際ネットワークは形成されました。例えば、近代日本国家が進めたアジアの植民地化のなか、日本の僧侶らが、アジア各地で現地の僧侶や一般人と交流するようになります。これは、もちろん日本の帝国主義のもとで進んだ交流なので、現在の視点から見れば、少なからず問題がありました。しかし、たとえ非対称な権力関係があったにせよ、現地の人々のために福祉的な事業に尽力した日本の僧侶も確かにおり、この点は、正負の両面から評価できると思います。

また、北米やハワイなどへ移民した日本人のために、僧侶が布教活動を行っていたのも、注目すべきでしょう。移民の出身地などの関係から、本願寺派の例が多いですが、いずれにせよ、移民社会で日本の仏教が独自の展開を遂げ、「アメリカ仏教」とも評せる新たな仏教が形成されました。特に、日本とアメリカが敵対関係にあった太平洋戦争中には、北米で、僧侶を含む多数の日系人が強制収容されますが、この時期にこそ、真の「アメリカ仏教」が誕生した、とも考えられています。

このように、近代仏教は、さまざまな意味での国際交流のなか形成されたといえます。あるいは、いまもなおグローバルな現象として形成され続けているといえるでしょう。

（碧海寿広）

参考文献

末木文美士、林淳、吉永進一、大谷栄一編『ブッダの変貌――交錯する近代仏教』法藏館、二〇一四年

Jaffe, Richard M. *Seeking Śākyamuni: South Asia in the Formation of Modern Japanese Buddhism*, University of Chicago Press, 2019

Williams, Duncan Ryūken, *American Sutra：A Story of Faith and Freedom in the Second World War*, Harvard University Press, 2019

第四章　大谷光瑞の国際交流事業の再検討

一　はじめに

浄土真宗本願寺派の第二十二世宗主・大谷光瑞《おおたにこうずい》師（鏡如上人《きょうにょしょうにん》、一八七六―一九四八）を、明治・大正・昭和の激動の時代を経験した貴重な歴史的証人と捉え、世界的視野や国際性、時代の先端を行く知の巨人「人間・大谷光瑞」の思想について、さまざまな側面から検討してきました。

光瑞師は、仏教者・念仏者であるとともに、日本史上唯一の組織的な中央アジア調査を推進した探検家として知られています。一方、収集資料の研究調査を行う「光寿会《こうじゅかい》」を主宰し、自らも研究論文を執筆したという点では研究者であり、「武庫仏教中学」の創設や「大谷学生」の選抜、旅順・策進書院《さくしんしょいん》の運営という点では教育者であり、ジャワ、トルコ等での産業開発を手がけた実業家でもありました。そして、植物や農業関連の豊富な知識を有する農学者であり、多くの著述を世に問うた著述家としての側面もあわせもっていました。さらには、二楽荘《にらくそう》、台湾逍遙園《しょうようえん》、築地本願寺などの設計にかかわったという意味では建築設計者でもありました。

光瑞師の研究については、五十回忌記念号として『東洋史苑』五十・五十一合併号（龍谷大学東洋史学研究会、一九九八）が刊行され、さまざまな立場から光瑞師にアプローチがなされました。没後六十年には、西本願寺にて「光瑞上人没後六〇周年記念シンポジウム――近代東アジアの人的交流 光瑞上人を支えた人々」（平成二十一年（二〇〇九））が開催され、その後、多くの研究成果が発表・刊行されてきました。

平成三十年（二〇一八）は光瑞師の没後（遷化）七十年にあたり、祥月命日の十月五日に、大谷学生の親睦団体「瑞門会《ずいもんかい》」との共催で、大宮学舎本館で記念法要を勤修し、翌十月六日に「大谷光瑞師の構想と居住空間」と題する国際シンポジウムを開催しました。イギリス、トルコ、中国、台湾、日本各地から研究者が集まり、光瑞師が遷化された別府鉄輪の地にある大谷記念館の協力のもと、光瑞師が設計した建築や居住した地域の過去・現在を考えることを通じて、師の構想や世界認識に迫り、国際的規模で行われた師の活動の現代的意義について議論いたしました。

また、これにあわせて、同名の特別展（大宮図書館主催、古典籍デジタルアーカイブ研究センター共催）も開催しました。

二　探検家としての大谷光瑞―大谷探検隊とそのコレクション―

大谷探検隊は、二十世紀初頭に欧州列強が行った国家事業としての中央アジア探検と異なり、いわば光瑞師によって発案された個人的事業で、日本唯一の組織的探検隊でした。一般には明治三十五年（一九〇二）から大正三年（一九一四）まで、三次にわたってシルクロードを踏査したことが知られています。しかし、大谷探検隊を広義に捉えると、インドはもちろん、中国、チベット、南洋などアジア全域を視野に入れなければなりません。

白須淨眞によれば、大谷探検隊は、「アジア広域調査活動」であり、「二十世紀初頭、京都・西本願寺の大谷光瑞が内陸アジアを含むアジア広域に派遣した日本の調査隊を指し、仏教流伝の様相をアジア広域の過去と現在に求めようと試みたものであった」（白須、二〇一六）のです。つまり、地理学的・考古学的・言語学的発見よりも、仏教伝播のルートを探るものであり、仏教伝播の実態調査、歴史的事実の検証、仏教遺跡の考古調査、仏教遺品の収集という目的に沿って行われたものでした。

このため、西域探検（シルクロード踏査）のみの意味（狭義）ではなく、広義として、時間的には明治三十二年から大正十二年まで、空間的には、インド・中国・チベットを含むアジア各地の仏教の伝播と現状調査までを一体のものとして考える必要があります。白須は次のように指摘しています。

忘れてならないことは、光瑞は宗祖・親鸞の法灯と血統を二つながら継承する浄土真宗西本願寺第二十二世門主（宗主）となるべき人であった、そのことである。したがって光瑞は、その新門、そして門主として、浄土真宗を大乗の至極と認識した宗祖・親鸞の基底を危うくするような「大乗非仏説論」への反証をアジア広域の歴史的大地に求めようとしたのである。探検家がたまたま光瑞であったのではなく、新門そして門主であった光瑞が、探検家と見紛うまでに行動したに過ぎない。（中略）浄土真宗の根源にかかわる「大乗非仏説論」の実証的克服という課題意識を除外しては、語りつくせないはずである。

（白須、二〇一六）

十九世紀末以降に西洋で誕生した「仏教（Buddhism）」の新潮流の中で、東アジアで長い年月にわたって信仰され実践され、展開してきた「仏法」の存在意義が問われる趨勢《すうせい》が生じました。こうした仏教存亡をかけた危機的状況を受けて、探検が敢行され、その後の種々の事業も実行されたのではないかと考えられます。光瑞師は、宗主継職後初めての「直諭《じきゆ》」（明治三十六年三月二五日）の中で、明治三十二年（一八九九）冬から視察や歴訪を開始したことを次のように述べています。

去る明治三十二年冬より、宇内宗教の現状を視察せんと欧洲の各国を歴訪し、遂《つい》に法顕玄奘《ほっけんげんじょう》の旧跡を慕ひ、許多《いくた》の艱苦《かんく》を凌ぎつゝ、陸路印度に赴き仏祖の霊蹟を探り聊《いささか》得る所あり、昔時の隆盛《りゅうせい》を追想し今日の荒廃《こうはい》を目撃し、感慨の至りに堪《た》えざりき

（鏡如上人七回忌法要事務所、一九五四）

大谷探検隊の概要

以上に述べた問題意識のもとで行われた広義の「大谷探検隊」（仏教伝播ルート調査）の概要を示します。

第一次（明治三十二年〔一八九九〕～三十五年～三十七年）
中国・新疆……大谷光瑞　渡辺哲信　堀賢雄
インド…………大谷光瑞　本多恵隆　井上弘円　藤井宣正　日野尊宝　薗田宗恵
　上原芳太郎　升巴陸龍　島地大等　秋山祐頴　清水黙爾
ビルマ・中国……渡辺哲乗　吉見円蔵　前田徳水

（南方）　　　　野村礼譲　茂野純一
第二次（明治四十一年〜四十二年）
中国・新疆………橘瑞超　野村栄三郎
インド…………大谷光瑞　足利瑞義　和気善巧
　　　　　　　青木文教　柱本瑞俊　（橘・野村合流）
第三次（明治四十三年〜大正三年〜大正十二年（一九二三））
中国・新疆………橘瑞超　吉川小一郎
チベット………青木文教　多田等観

大谷コレクションの分散

大谷コレクションは、いったん二楽荘に集められ一般公開もされましたが、その後、光瑞師の宗主辞任にともない、各地に分散することとなりました。現在の所蔵機関は多岐にわたりますが、国外では、中国（旅順《りょじゅん》博物館・中国国家図書館）と韓国（ソウル国立中央博物館）に所蔵されています。国内では、国立博物館（東京国立博物館・京都国立博物館）、龍谷大学、その他の個人・機関の手にあるものに分かれます。

このうち、龍谷大学所蔵資料は、大谷家寄贈分（木箱二個内のコレクション）、探検隊将来敦煌写経若干巻（西域文化資料五〇一〜五三七）、橘瑞超《たちばなずいちょう》氏寄贈敦煌写経六巻、吉川小一郎《よしかわこいちろう》氏寄贈分（写真原板、流沙残闕）、堀賢雄《ほりますお》・渡辺哲信《わたなべてっしん》の日記（『新西域記』未収分）、野村栄三郎《のむらえいさぶろう》師将来仏頭（平成八年（一九九六））、青木文教《あおきぶんきょう》師将来チベット文化資料（平成十二、十四年）、堀賢雄師将来資料（平成十四年）、藤谷晃道《ふじたにこうどう》師将来資料（平成十六年）などが、寄贈および購入されて収蔵されています。特に文献資料については、『大谷文書集成』として四巻が出版されています。

海外に蔵されている資料の中で、特に研究成果を上げているのが旅順博物館所蔵資料の研究であり、敦煌・トルファン出土の二万六千点を超える漢字資料（写本・版本）および、非漢字資料に関する研究が蓄積されています。

三　教育者としての大谷光瑞―武庫仏教中学と大谷学生―

次に、光瑞師の教育者としての事業は、「武庫《むこ》（仏教）中学」の創設と「大谷学生」の選抜が代表的なものでしょう。前者は、明治四十四年（一九一一）から大正三年（一九一四）まで、後者は大正七年から昭和十五年（一九四〇）までが、その時期にあたります。

武庫（仏教）中学は、「武庫中学」として明治四十四年に創設され、神戸六甲の二楽荘の敷地内にありました。翌年に広島にあった「第四仏教中学」が神戸六甲に移転し、さらに大正二年に両校が合併して「武庫仏教中学」となりましたが、大正三年に閉鎖されました。『仏教青年』第一号に掲載された当時の学生名簿によると、学生数は、五年級が十八名、四年級が三十七名、三年級が六十六名、二年級が百二十名、一年級が六十一名であり、生徒総数三百二名でした（小出、二〇一〇）。旅順博物館には、「武庫佛教中學」と透かしの入った紙（卒業証書用か）を台紙に利用した漢字仏典写本の断片が保管されています。

一方、大谷学生は、『鏡如上人年譜』によれば、大正七年四月の記事に、「是月全国県庁を通じて学生を募り、四十余名を旅順策進書院にて教育を初む」、大正十年の記事に「二月十五日第二回大谷学生を全国より募集す」とあり、全国の小学校長の推挙による応募者二百名から、十八名を採用して策進書院にて教育しました。その後、大正十三年、昭和二年、昭和十五年、昭和十六年の記事にも、募集の記事が掲載されています（鏡如上人七回忌法要事務所、一九五四）。総計二百三十八名にのぼる大谷学生による旅順策進書院や高雄・逍遙園での活動が知られています。

小出亨一は、「大谷学生の最大の目的は、光瑞流の英才教育を施し、光瑞の事業を推進し、補佐ができる人間を育成するために行われたものである。（中略）武庫中学や旅順策進書院の一部の時期を除き、一般教養や外国語などは余り行われず、主に「農作業」が授業として行われた」としています。旅順策進書院では、授業科目として「西力東漸史、東洋史、独乙語、農業、地理、英語、オランダ語、数学（代数幾何）、漢詩、仏教概論、西洋史、経済学」があり、光瑞師自身も自ら教壇に立って「西力東漸史、東洋史」を指導しました（小出、二〇一〇）。

このほか、光瑞師の人材育成事業には、後にあげるトルコや台湾での事業展開での大谷学生の活躍や、ロシア語習得のため精舎昌美《しょうじゃまさみ》をウラジオストクに派遣するなど枚挙に暇ありません。語学習得能力の高い学生を選抜し、適材適所、各地に派遣したことは瞠目《どうもく》に値します。

四　農学者・農業者としての大谷光瑞――熱帯農業と科学――

農学者としての光瑞師は、農業に関する多くの著作があげられます。また、実際に使用されたパスポートの農業欄に、自筆で「農業（Agriculture）」と記入するほど、矜持をもって農業と向かい合っていました。農は「国の本（基）」という認識のもと、工業立国を目指すのではなく、農業立国を志向していたのです。

まず、明治四十二年（一九〇九）、神戸六甲に竣工した二楽荘《にらくそう》の「園芸部」で、マスクメロンや葡萄の温室栽培、林檎・梨・洋李・スイカなどの栽培のほか、米の生産、牛乳、乳酸も販売していました。二楽荘本館は、光瑞師によって設計され、伊東忠太《いとうちゅうた》によって「本邦無二の珍建築」と呼ばれた建築でしたが、大正三年（一九一四）、宗主辞任にともなって手放すことになり、昭和七年（一九三二）に焼失してしまいました。

宗主退任後、光瑞師はアジアの諸地域を転々とすることになります。大正五年、シンガポールのゴム園に始まり、セレベス島のコーヒー園、ジャワ島のシトロネラ園、トルコ・アンカラでのバラ園・香水製造、ブルサでの養蚕・絹織物・染織を試みています。日本有数の仏教教団のトップから国際社会に足跡を残すことになりました。

五　トルコと台湾の農業事業

トルコ（大正十二年（一九二三）～昭和十一年（一九三六）ころ）

明治二十三年（一八九〇）、トルコ軍艦エルトゥールル号が和歌山県串本沖で遭難しました。このとき、見ず知らずの異邦の生存者を名もなき日本の市井の人々が助けるという、日本とトルコの歴史的交流がありました。現場付近には、昭和三年（一九二八）に「日土貿易協会」によって弔魂祭が行われたのを記念して、トルコ記念館や記念碑が建てられています。記念碑には、光瑞師によって墨書された「弔魂碑」の文字が刻まれています。このことは、光瑞師とトルコの縁の深さをよく物語っているといえましょう。

さて、光瑞師は、ロンドン滞在中の明治三十四年六月に短期間イスタンブルに滞在したことを第一回として、計四回（※）トルコを訪問しています。大正十五年（一九二六）四月六日から五月十三日までイスタンブル、アンカラ、アダナ、コンヤ、ブルサ（第二回）、同年十一月二日から二十五日までブルサ、アンカラ、イスタンブル（第三回）、昭和三年（一九二八）十二月十八日から翌年二月三日までアンカラ、ブルサ、イスタンブル（第四回）を訪問しています。これらは、農業に最適な場所を決定するためのものであり、また、地方財閥や新生トルコ共和国の大統領との関係をもとにした事業の現状を視察するためでもありました。

また、大谷学生の一人、後藤智《ごとうさとる》を、大正十四年にガラタ高等学校（Imperial Lycieda Galata-Sérai）に留学させ、トルコ語とフランス語を学ばせています。同校（ガラタサライ）はオスマン時代からの名門校で多くの授業がフランス語で行われていたということです。いち早く、国際社会で活躍できる人材を選抜・派遣して事業展開にそなえていたことが分かります。

アンカラの事業（昭和二年〜？）　アンカラの事業の中心は、アヒマスッド農場でした。アタチュルク農場の一部「アーヒー・メスド」地域を開墾して、バラ農園とし、香水製造工場を建設しました。アンカラの事業は「薬品香料化学産業株式会社」（外務省外交史料レファレンスコード B09041286500）として行われました。

ブルサの事業（昭和四年〜？）　ブルサの事業は、現地の有力者・メムドゥフベイとの共同事業でした。

「日土織物会社」（外務省外交史料レファレンスコードB09041433200）、「日土合弁絹織物会社」（同B09041411500）を、現地で設立し、正式に契約を結んで事業を展開しました。これらの会社は、光瑞師、上村辰巳《かみむらたつみ》、メフメド・メムドゥフ・ベイ、フセイン四名を設立者とする合弁会社であり、メムドゥフベイの後継者は、ブルサ市の地方財閥・ギョクチェン家であり、現在もその企業グループに属しています。

この事業に参加して重要な役割を果たした上村辰巳も、大正十年に上海策進書院に入学した大谷学生の一人でした。

台湾

光瑞師は、台湾を熱帯農業の適地として重要視していました。それは、「臺灣島は我帝國の如意寶珠なり。その欲する所に従ひ、地に産せざるなし」（大谷、一九三五a）という言説にもあらわれ、台湾の農業経営上の意義、役割の大きさを、その島の形状もあってか「如意宝珠《にょいほうじゅ》」に喩えています。

柴田幹夫によると、光瑞師は「熱帯農業」に関心を示し、「大谷農園」で「茶園」「果実園」「缶詰工場」「蔬菜園」などを自ら経営したといいます。茶については、台湾の山地を開発し紅茶の栽培を行い、大谷農園では、レモン、バナナ、パイナップルなどを栽培し、缶詰工場併設、蔬菜は、満州方面に輸出しました。特に、バナナは、台湾産物中第一で、十五万トン以上を生産し八十パーセントを輸出、長崎に送り、そこから上海に輸出するように手はずを整えたとされています。

柴田は、これらの点を指摘したうえで、「何よりも台湾経済の自立を考えていた。米や茶、甘藷、柑橘類の栽培、それに精糖など地の利を活かし、輸出することによって自立ができると考えたのである」（柴田、二〇一四）と評しています。この逍遙園にも「大谷学生」が派遣され、農業に従事していました。

高雄・逍遙園の農業事業

『鏡如上人年譜』によると、昭和十年（一九三五）二月二十一日、六十歳のとき、「台北発、南部方面および東海岸全島の視察に向かふ（これより先、産業視察のため渡台、爾来台北市各方面を視察す）」とあります。その後、板橋無線電信局および植物園、中央研究所農業部、台北帝大農学部等に赴き、台北別院にて「台湾の経済価値」を講演しています。

そして、昭和十五年十一月一日、六十五歳のとき、高雄の新邸逍遥園開園式を挙行しています。「逍遥園は高雄に新築した邸宅で、附属園は一万坪に余り、ゴム・コーヒ・マンゴー・アボカド・サボジラ・バナ、・茘枝、柑橘等の試験栽培を今春来開始しつ、あった」と記されています（鏡如上人七回忌法要事務所、一九五四）。

光瑞師は、「『熱帯産業調査会委員』に就任し、『台湾拓殖会社』設立にも関わり台湾の産業振興を積極的に唱えていました（柴田、二〇一四）。台湾の農業事業の拠点としたのが、西域の訳経僧・鳩摩羅什《くまらじゅう》にちなんで「逍遙園」と名付けられた農園でした。高雄刑務支所前の水田一万七千坪の土地（高雄市大港埔）に開園し、現在の住所表示は、高雄市新興區六合一路五五巷です。長い間放置されていました。しかし、幸いにして本館が取り壊されることなく残されていたことが近年判明し、高雄市政府文化局、国立高雄大学永続居住環境科技中心が連携して、現在、修復事業が行われています。将来的には公園化していくとのことです。国内の二楽荘や三夜荘、上海の無憂園など、光瑞師にかかわる歴史的建造物が失われていく中で、三夜荘の一部を移築して建てられたという貴重な建築物が保存されることとなりました。

ここで、台湾で農業事業を展開していた時期に相当する昭和十四年から翌年にかけて刊行された『大谷光瑞興亜計画』第六巻から第九巻に掲載された「熱帯農業」（昭和十七年に『熱帯農業』として合冊刊行）の目次（品目数は筆者挿入）を列挙します。

第一章　総論
第二章　気候
第三章　土壌
第四章　農作物
一、　穀類……十品目
二、　荳菽類……十六品目
三、　澱粉、糖類……澱粉六品目と其他の澱粉原料、糖類二品目
四、　生果……漿果三十六品目と殻果六品目と其他
五、　飲料……四品目と其他の飲料植物
六、　蔬菜……根菜類十五品目と筍一品目と其他、葉菜類六品目、花菜類二品目、果菜類九品目
七、　纖維……纖維十八品目とパルプ三品目と其他
八、　油脂……油脂十三品目、樹脂八品目と其他
九、　染料・タンニン……染料八品目、タンニン十四品目と其他
十、　香料……香料十品目、香草類三品目と其他
十一、　薬料……七品目
十二、　牧草……二品目と其他

十三、緑肥………十八品目と其他
第五章　林業
第六章　畜産
第七章　農林産加工
第八章　観賞植物
第九章　結論

気候、土壌、農作物、林業、畜産、農林産加工、観賞植物に至るまで、本文八百十一頁にわたり、広義の「農業」について網羅的に取り上げられています。また、「附録」に付せられた「参考書目」には、二十一点の参考文献が列挙されており、ジャワ、ロンドン、マニラ、ニューヨーク、パリで出版された十六点の欧文文献、「植物学名索引」も付されており、ラテン語の学名が記載されています。まさに「農学者」と呼ぶにふさわしい内容となっています。

六　むすび

光瑞師は、日本が工業立国ではなく「農業立国」を目指すべきであると考え、率先して科学的手法を取り入れていきました。大正六年（一九一七）の講演では、以下のように、仏教が「応用」できることを説いています。

而して仏教の真理は宗教以外に応用されるか、否かと申せば、私は応用されると断言します。今日迄、各宗の高僧達は、これを主として宗教の方面、或は哲学の方面には応用されたが、それ以外のものに応用することを務めて居りません。けれども私は応用されるもの、否、応用すべきものと断言致します。

（大谷、一九一八）

さらに重要なことですが、光瑞師は、明確に「仏教は科学」と捉えていました。大正十四年、五十歳のときの講演において、「仏教は科学なり。（中略）仏教はその理論を分つて二とし、一を第一義諦と云ひ、二を世諦と云ふ。」（大谷、一九三五b）と述べています。

また、「第一義諦は純然たる科学なり」（大谷、一九二二）という表現もあります。一方で、次のようにも表現しています。

元来科学は最も高等なる学にして、第一義諦を仮りに言語を以て説かんとせば科学に依らざるべからず。即ち第一義諦より下つて世諦に入らんとする所を研究するは科学にして、哲学宗教の如き虚妄人心を基礎としたると相対せざるべからざるが如き程度に非らず。是に依り精神の安慰を得ざるは畢竟、自己の浅学なるによる。

（大谷、一九二二）

光瑞師は、仏教と農業との関連について、以下のように述べています。

仏教には布施といふ言葉がある。六度中の一度で仏教の中でも貴い行為とされてゐる。（中略）布施の最大なものは、国を富ますことである。（中略）国法を正し、国民の知識を増進し、国富を増して国民をその業に安んぜしめるのが一番大きな布施で、これを善政といふのだ。寄付や義捐は布施の最下等である。
（大谷、一九三六）

農業振興は「布施」の最大のものであり、衆生救済を目指す「慈悲」の発露でもあったのです。農業は一般的な意味での事業や経営ではなく、国を富ましめ民を済うという意味の活動であったといえます。日本では農業は重要な産業であり、国土面積の狭さから、その振興には科学技術をもってする必要があり、食料問題の解決こそが国の喫緊の課題であったのです。

以上のように、光瑞師は、明治三十六年（一九〇三）から大正三年（一九一四）までの宗主であった期間をはさんで、探検・教育・農業・建築・著作・講演などさまざまな活動を行いました。しかし、さまざまな活動の基盤は仏教であり、後に度牒は返上したものの、一人の仏教者として「仏教は科学」との信念をもって生活面への実際的「応用」を試みた人生であったのではないでしょうか。農業はその最たる事業で、産業開発によって人々の食生活の安定を図ることは、「布施」や「慈悲」の発露として必然の流れであったのでしょう。光瑞師は、日本だけでなくアジア全体の利益を考えつつ、一生を通じて一人の仏教者として国際社会を生きたのではないでしょうか。

（三谷真澄）

参考文献

芦屋市立美術博物館編『モダニズム再考――二楽荘と大谷探検隊』芦屋市立美術博物館、一九九九年
芦屋市立美術博物館編『モダニズム再考――二楽荘と大谷探検隊Ⅱ』芦屋市立美術博物館、二〇〇三年
上山大峻「仏教と科学――比較、問題点、可能性」『宗教と科学――仏教の宇宙観と近世の科学書』龍谷大学人間・科学・宗教オープンリサーチセンター第1期研究展示図録、二〇〇三年
エルダル・カ・ヤルチュン「大谷光瑞とトルコ――建国の父ケマルパシャのパートナーとしての大谷光瑞」柴田幹夫編『大谷光瑞とアジア――知られざるアジア主義者の軌跡』勉誠出版、二〇一〇年
大谷光瑞述『第一義諦』満州仏教青年会、一九一八年
大谷光瑞『見真大師』大乗社、一九二二年
大谷光瑞『台湾島之現在』大乗社、一九三五年（a）
大谷光瑞「仏教は科学なり」『大谷光瑞全集』第六巻、大乗社、一九三五年（b）
大谷光瑞『光瑞縦横談』実業之日本社、一九三六年
大谷光瑞『大谷光瑞興亜計畫』大乗社、一九三九～一九四〇年
大谷光瑞『熱帯農業』大乗社、一九四二年
オリオンクラウタウ『近代日本思想としての仏教史学』法藏館、二〇一二年
鏡如上人七回忌法要事務所編『鏡如上人年譜』鏡如上人七回忌法要事務所、一九五四年
小出亨一「大谷学生と瑞門会」柴田幹夫編『大谷光瑞とアジア――知られざるアジア主義者の軌跡』勉誠出版、二〇一〇年
白須淨眞『大谷探検隊とその時代』museo12、勉誠出版、二〇〇二年
白須淨眞編『大谷光瑞と国際政治社会――チベット・探検隊・辛亥革命』勉誠出版、二〇一一年
白須淨眞『大谷探検隊研究の新たな地平――アジア広域調査活動と外務省外交記録』勉誠出版、二〇一二年
白須淨眞編『大谷光瑞とスヴェン・ヘディン――内陸アジア探検と国際政治社会』勉誠出版、二〇一四年
白須淨眞「大谷探検隊に先行する真宗青年僧の英領下セイロンへの留学」荒川正晴・白須淨眞編『シルクロードと近代日本

の邂逅――西域古代資料と日本近代仏教』勉誠出版、二〇一六年
柴田幹夫編『大谷光瑞とアジア――知られざるアジア主義者の軌跡』勉誠出版、二〇一〇年
柴田幹夫『大谷光瑞の研究――アジア広域における諸活動』勉誠出版、二〇一四年
柴田幹夫編『台湾の日本仏教――布教・交流・近代化』アジア遊学二二二号、勉誠出版、二〇一八年
臺信祐爾「龍谷大学コレクションを除く日本国内に現存する大谷探検隊将来遺品について」『西本願寺仏教伝播の道踏査100年展　絲綢路の至宝』佐川美術館、二〇〇二年
徳富蘇峰「大谷光瑞の二大目的」大谷光瑞猊下記念会編『大谷光瑞師の生涯』伝記叢書一四九、大空社、一九九四年
三谷真澄・ヤマンラール水野美奈子編『大谷光瑞のトルコでの動向――「仏教」と「農業」のあいだ』龍谷大学国際社会文化研究所研究成果報告書、龍谷大学国際社会文化研究所、二〇一六年
三谷真澄編『「世界」へのまなざし――最古の世界地図から南方熊楠・大谷光瑞へ』龍谷大学アジア仏教文化研究センター文化講演会シリーズ2、法藏館、二〇一七年
三谷真澄「仏教と農業のあいだ――大谷光瑞師の台湾での農業事業を中心として」柴田幹夫編『台湾の日本仏教――布教・交流・近代化』アジア遊学二二二号、勉誠出版、二〇一八年
三谷真澄「大谷光瑞のトルコでの動向――「仏教」と「農業」のあいだ」『龍谷大学国際社会文化研究所紀要』二一号、龍谷大学国際社会文化研究所、二〇一九年
龍谷大学大宮図書館編『大谷光瑞師の構想と居住空間』大谷光瑞師遷化七十年記念・龍谷大学大宮図書館二〇一八年度特別展観、龍谷大学大宮図書館、二〇一八年
龍谷大学東洋史学研究会編『東洋史苑』五十・五十一合併号、大谷光瑞五十回忌記念号、一九九八年
龍谷ミュージアム編『二楽荘と大谷探検隊――シルクロード研究の原点と隊員たちの思い』龍谷大学龍谷ミュージアム・京都新聞・神戸新聞社、二〇一四年
和田秀寿編『二楽荘史談』国書刊行会、二〇一四年

（※その後新たに、一九一〇年五月にトプカプ宮殿を訪問した記録が発見され、これを追加すると、光瑞師のトルコ訪問は計五回となる。）

コラム

大谷探検隊のモンゴル調査

◆注目されなかったモンゴル調査

大谷探検隊といえば、中央アジアの探検隊というイメージが強いと思います。しかし、実際はアジアの各地に隊員が派遣されており、第二次探検では、橘瑞超《たちばなずいちょう》・野村栄三郎《のむらえいざぶろう》の二人が、北京《ペキン》からモンゴルを経由して中央アジアに向かっているのです。彼らのモンゴル調査に関しては、これまであまり注目されたことがありませんでした。ここでは、二人の旅の記録から、探検隊のモンゴル調査の意義を紹介することにしましょう。

明治四十一年（一九〇八）六月十六日に北京を出発した二人は、二十五日、張家口《ちょうかこう》で万里の長城を越え、一か月以上かけて内モンゴルからゴビ砂漠を縦断し、七月二十九日にモンゴルの中心都市である庫倫《クーロン》（現在のウランバートル）に到着しました。しばらく滞在した後、八月七日に庫倫を出発した一行は、橘・野村のほか、通訳一名、従者二名、モンゴル人一名、護衛兵一名、ラクダ十頭、馬七頭のキャラヴァンでした。

◆探検隊が記す宗教弾圧前の寺院の隆盛

十六日にはオンギ河流域にある軍台に宿泊しました。「軍台」とは清朝が敷設した駅伝施設で、そこには宿泊所があり、食事をとることも旅の必需品を手に入れることも

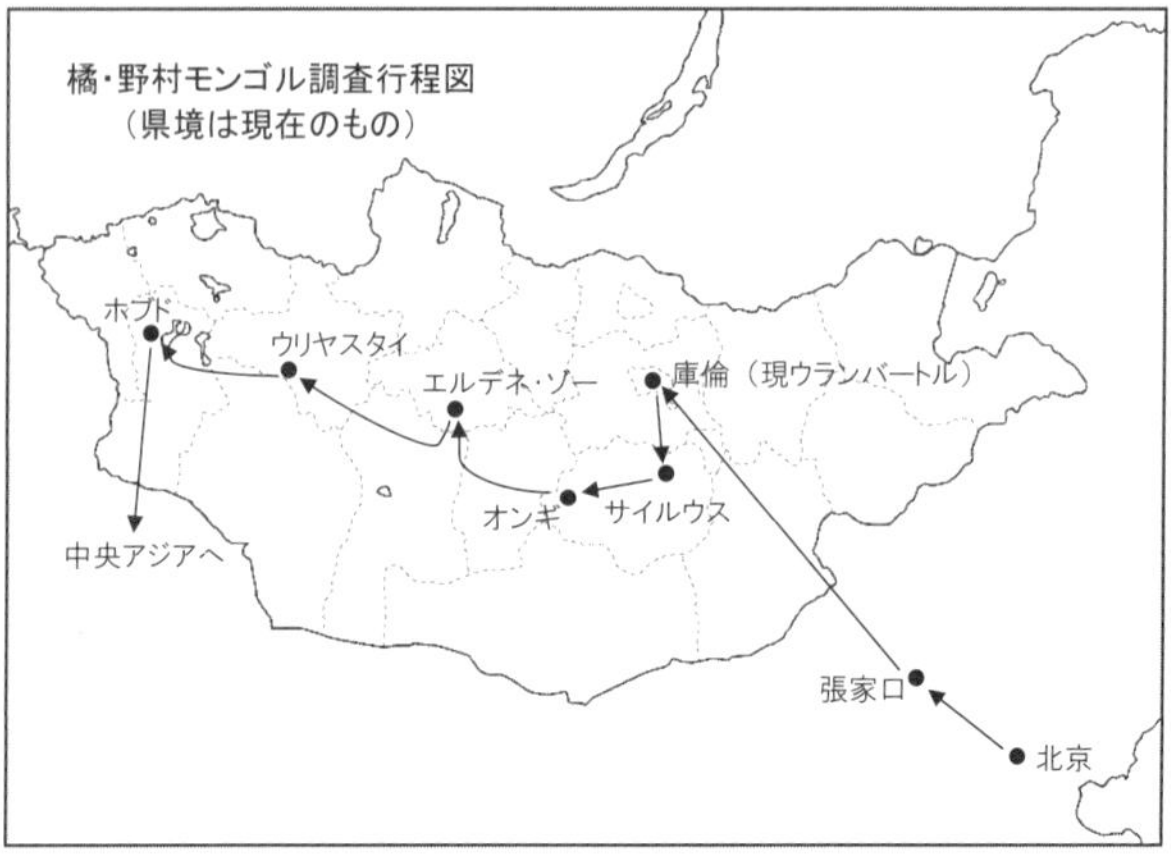

図１　橘・野村モンゴル調査行程図

できたのです。オンギ軍台の近くには寺院がありました。野村の日記には、そこに居住するラマ僧たちとの交流が記されています。この寺院は、現在、ドントゴビ県サイハンオボー郡の名刹として知られる「オンギンヒード（オンギ寺）」と考えられます。一九二四年にソ連の影響化で社会主義国家となったモンゴルでは、探検隊が訪れてから三十年後の一九三七、八年ごろ、革命政府の弾圧によって、数多くの寺院が破壊され、オンギンヒードでも僧侶が全員粛清され、建造物も取り壊されました。しかし、一九九〇年代の自由化に伴って寺院は復興し、今や人々の尊崇を集める寺院となり、常時、三百から四百人の僧侶たちが活動しているそうです。

さらに旅を続ける彼らの前に、「一大ラマ廟」が現れました。野村は「庫倫以来はじめて見る大建築である。周囲にラマの僧房が多く、また白塔があった」と記しています。この地には、一九三一年に、アルバイヘールという町が作られたのですが、野村が「大建築」と称した寺院は、やはり一九三七年ごろに跡形もなく破壊され、今は、かつての広大な敷地の南片隅に、小さな寺院が再建されているに過ぎません。それでも、大きな町となったアルバイヘール市と近郊の人々が数多く参拝に訪れ、盛時の様子を取り戻しています。

写真１　エルデネ・ゾー全景
（撮影：松川節）

◆モンゴル最大のチベット仏教寺院エルデネ・ゾーを経て中央アジアへ

一九〇八年八月二十三日に一行はエルデネ・ゾー（「宝石寺」を意味する）僧院に到着しました。エルデネ・ゾーは、かつてのモンゴル帝国時代の都カラコルムの地に、十六世紀末に建てられたモンゴル最大のチベット仏教寺院です。橘は「私がこの探査で第一の目的とした地である」と述べるように、仏教徒である彼らにとって、深い関心を寄せる地でもあったのです。当時ここには、千五百人もの僧侶が活動し、そのうち五百人は寺院内の僧房に暮らしていました。彼らの記録には、僧院内にはラマ僧たちの住居が建ち並び、廟堂も数多くあり、街並みを形成していたとあります。しかし、例に漏れず、この僧院も弾圧によって一九三八年に多くの建物が破壊されました。それでも、二人がその壮麗さに驚いた、城壁の上に極めて秩序正しく配置された百八に及ぶ白色の小塔は破壊を免れ、現在も、かつて彼らが見たままの悠然たる姿を留めています。

彼らには僧院内で新築の大きな家屋が宿舎として当てられました。エルデネ・ゾーには、僧房のほかに、訪れた人々を宿泊させるような施設もあったのです。また、城門の外には商人たちが店を構えており、探検隊は、茶、菓子、砂糖、綿布、米、マッチ、線香、嗅煙草、さらに馬やラクダも調達し、これからの旅に必要なものを得ることができました。

◆探検隊のモンゴル調査の意義

このように、彼らの旅行記から、二十世紀初頭のエルデネ・ゾーは寺院としてだけでなく、中国本土からモンゴル高原を経由して中央アジアへ向かう人々にとって、重要な交通路の拠点として機能していたことがわかります。宗教弾圧前のモンゴルを旅した探検隊の記録は、当時のモンゴルにおける仏教寺院の事情を知るうえで、たいへん貴重な資料といえるでしょう。それらの内容の分析と現地調査などを進め、探検隊のモンゴル調査の全貌を明らかにすることが、今後の重要な研究課題といえます。橘・野村は三泊という短い滞留の後、八月二十六日朝にエルデネ・ゾーを離れ、いよいよ中央アジアへと向かうのでした。

（村岡　倫）

参考文献

大谷探検隊著・長沢和俊編『シルクロード探検』西域探検紀行選集、白水社、二〇〇四年（初版一九六六）
野村栄三郎「蒙古新疆旅行日記」上原芳太郎編『新西域記』復刻版、井草出版、一九八四年
村岡倫「大谷探検隊のエルデニ・ゾー寺院調査」『二〇一一年度第一回シンポジウムプロシーディングス 大谷探検隊をめぐる新研究』龍谷大学アジア仏教文化研究センター、二〇一二年
村岡倫「大谷探検隊とモンゴル最古のチベット仏教寺院エルデニ・ゾー――第二次探検隊、橘・野村調査日記から」柴田幹夫編『大谷光瑞「国家の前途」を考える』、勉誠出版、二〇一二年

第五章　戦時下・仏教国際交流の試みと挫折

一　世界平和実現に向けた課題

わが国はかつて凄惨な戦争を経験し、日本仏教も戦争遂行に手を貸してきました。今日でも、宗教・宗派間対立に端を発する紛争や戦争が世界各地で後を絶ちません。こうした中で、日本仏教は過去の反省に立って、国際協調と諸宗教共存のために努力を払ってきたのでしょうか――。

戦後の昭和二十五年（一九五〇）、世界仏教者の友好親善と世界平和への貢献を目的として、「世界仏教徒連盟（WFB：World Fellowship of Buddhists）」が組織されました。日本仏教もこの活動に関わり、過去三回にわたって世界仏教徒大会が日本で開催されています（財団法人全日本仏教会、二〇〇九）。また昭和四十五年には、日本諸宗教で組織する「日本宗教連盟」の呼び掛けで、第一回「世界宗教者平和会議（WCRP：World Religions for Peace）」が京都で開催されました。この会議は、その後も数年おきに世界各地で開催され、世界平和実現のための宗教間協力の取組みが続けられています（世界宗教者平和会議日本委員会、一九七二）。

しかし、これらの事実は一般にあまり知られていないようです。仏教界全体としての取組みも低調なようですが、翻って戦時下の日本仏教に目を向けると、むしろ諸宗派を挙げて仏教の国際交流に積極的に取り組み、大がかりな国際大会が開かれました。その試みは、戦争協力と国際協調の狭間で、国家と軍部に翻弄された苦難の道のりでもありました。

今日、日本仏教の国際交流の低調な背景には、戦時下での国際交流の挫折と無力感、アジア諸国への罪悪感が影を落としているのかもしれません。その意味で、戦時下の日本仏教の国際交流を検証することは、これからの日本仏教の国際交流の取組みを促進していくうえでも重要です。以下のその歩みを、仏教国際大会の開催を中心に概観したいと思います。

一　世界仏教大会〈大正四年〉

日本人僧侶の国際的宗教大会への参加（表1）は、明治二十六年（一八九三）開催のシカゴ万国宗教大会にはじまり、明治三十三年にパリで開催された第一回宗教史国際会議にも真宗僧侶が参加しています。しかし、日本仏教の関係者が主催者となった最初の国際仏教大会は、大正四年（一九一五）にアメリカ・サンフランシスコで開催された「桑港世界仏教大会」でした。この大会は、パナマ運河の開通を受けて東西文化交流の促進を期して開かれたサンフランシスコ世界博覧会に協賛して開催されました（常光、一九六四）。

大会の発起団体は、アメリカ西海岸各地に設立されていた本願寺派仏教会であり、その主導者は、同派の北米布教の統轄責任者の内田晃融《こうゆう》（一八七六―一九六〇）でした。大会には、アメリカの仏教学者をはじめ、

表１　戦前期に日本仏教者が参加した主な国際的宗教・仏教大会

名称（開催地）	開催年	備　考
万国宗教大会（シカゴ）	1893	八淵蟠龍ら参加
第一回宗教史国際会議（パリ）	1900	藤島了穏ら参加
桑港世界仏教大会（サンフランシスコ）	1915	北米各地仏教会主催
第二回世界仏教連合会（中国廬山）	1923	佐伯定胤ら参加
東亜仏教大会（東京）	1925	仏教連合会主催
世界宗教平和大会協議会（ジュネーブ）	1928	友松圓諦ら参加
第一回汎太平洋仏教青年大会（ホノルル）	1930	ハワイ仏教青年会連盟主催
世界宗教大会（シカゴ）	1933	増山顕珠ら参加
第二回汎太平洋仏教青年大会（日本各地）	1934	全日本仏教青年会連盟主催
第二回世界宗教大会（ロンドン）	1936	鈴木大拙ら参加
世界仏教大会（パリ）	1937	薩摩治郎八ら参加
大東亜仏教青年会（東京）	1943	大日本仏教青年会連盟主催

インド、セイロン（スリランカ）、ビルマ（ミャンマー）から数名の仏教者が参集しました。日本からは、日置黙仙《ひおきもくせん》（曹洞宗僧侶）、山上曹源《やまがみそうげん》（曹洞宗僧侶）、旭日苗《あさひにちびょう》（臨済宗僧侶）、八淵蟠龍《やつぶちばんりゅう》（真宗本願寺派僧侶）らが参加しています。大会期間中に参加者による仏教講演会が連日開催され、常に百五十名前後の聴衆を集めたといいます。

期間中にサンフランシスコ仏教会堂で会議が開かれ、決議文を採択しました。その決議文には、東西文明の交流や世界平和の実現といった普遍的な理念とともに、日系移民の迫害と日本仏教への偏見の解決という現実的課題が並列して掲げられました。当時、大正二年にカリフォルニア州議会が外国人土地法（排日土地法）を制定して日系一世の土地所有を禁止し、日系移民への迫害が強まりつつあったのです。日系移民が仏教会を中心として閉鎖的コミュニティを形成しているという認識も現地で根強くあり、こうした偏見の解消は現地開教使にとって愁眉の課題でありました。

桑港世界仏教大会が終了した二週間後の八月二十三日、

内田晃融・山上曹源・日置黙仙の三名は、ワシントン・ホワイトハウスに大統領ウッドロウ・ウィルソンを訪ね、大会決議文を手渡し、日系移民と日本仏教の布教への保護を陳情しました（高階、一九六二）。

このことから分かるように、大会開催の主な意図は、日系人と日本仏教に対する偏見を解消することにあったのです。国内でもこうした国際問題を含む諸課題に諸宗派で一致して対応する必要性が叫ばれ、同年暮には各宗派の連合組織「仏教連合会」が結成されました（中西他、二〇一八）。

三　東亜仏教大会〈大正十四年〉

第一次世界大戦後の日本は、アメリカでの排日問題以外にも多くの外交課題を抱えていました。とりわけ、大陸進出の姿勢を強める中で、中国との軋轢が大きな課題となりつつあったのです。そうした緊迫化する世界情勢のなか、大正十四年（一九二五）に仏教連合会の主催によって、中国仏教界との提携を目指して開催されたのが「東亜仏教大会」でした（峯、一九二六）。

東亜仏教大会は、日本仏教諸宗派の一致協力により開催された初の仏教国際大会であり、中国仏教側からの強い要請を受けて計画されたものでした。当時、中国仏教界の復興に向けた動きは活発化しつつあり、大正十一年（民国十一年、一九二二）四月、北京で世界基督教大会が開催されたのを契機として、青年仏教者により「仏化新青年会」が組織されました。会は中国各地で数千名の会員を得て、機関誌『仏化新青年』を発行して活発な運動を展開しました。こうした青年仏教者の運動のよき理解者であり、中国仏教の振興を牽引したのが太虚《たいきょ》（一八九〇―一九四七、写真1）でした。太虚は、大正十年に仏学院を武昌《ぶしょう》に創立して青年僧侶の教育事業に着手し、翌年には江西省《こうせい》廬山《ろざん》にバラック一棟を建て「世界仏教連合会」の表札を掲げました。この地は、東晋《とうしん》の慧遠《えおん》（三三四—四一六）が白蓮社《びゃくれんしゃ》を組織した霊地ですが、当時その面影はなく伽藍跡も荒廃していました（藤井、一九三三）。

大正十一年夏、廬山を中国仏教復興の拠点にしたいと考えた太虚は、第一回世界仏教連合会をこの地で開催します。そして、翌十二年に第二回大会を開くに先立って、九江領事江戸千太郎に日本より適当な人物を派遣するよう要請しました。外務省文化事業部は考査の結果、木村泰賢《たいけん》（曹洞宗僧侶・東京帝国大学教授）と佐伯定胤《さえきじょういん》（法隆寺貫主《かんす》）を推薦し、水野梅暁《ばいぎょう》も個人の資格で出席しました。大会後には、日中仏教者の連合懇談会を開かれ、日中仏教者の親睦の方法・中国仏教の興隆策などを協議し、翌年に東京で東亜仏教大会を開催することを決議しました（峯、一九二六）。

写真1　太虚
（『日華仏教』1巻2号、1936年より）

大会開催の連絡を受けた仏教連合会は、大正十四年秋に東京で東亜仏教大会を開催し、中国仏教界の代表者を中心とし、アジア各地の仏教者を招集することを決議しました。当時、インドの詩人ラビンドラナート・タゴールが中国・日本を歴訪して講演していました。タゴールは、第一次世界大戦がヨーロッパを舞台に起こり、西洋文明の欠陥があらわになっている状況を指摘し、日本・中国・インドの国民が提携して東洋思想を復興して人類救済を図るべきことを訴えていました。タゴールの主張に象徴されるように、アジア民衆結束への意識が高揚していたこともあり、まずは東アジア仏教勢力の結集が企画されたのです。また中華民国臨時政府の執政段祺瑞《だんきずい》は仏教信者であることを表明し、東亜仏教大会への補助費交付を閣議決定しました。日本の外務省文化事業部も、完成したばかりの『大正新修大蔵経』を中国各省の図書館、仏教研究機関に寄贈していました。日中両政府は、仏教交流に日中関係の改善を期待していたのです（水野、一九二六）。

大正十四年十一月一日、東京芝・増上寺で開催された大会には、太虚団長以下二十七名の中国代表団に加えて、朝鮮仏教界からの九名、台湾仏教界からの四名が参加し、来会者は約一千人に達したといいます。大会では、アジア仏教者の親睦深め、仏教主義に基づく社会教化事業の促進を通じて人類文化の発達と世界の平和に貢献することを目的に掲げました。当日、仏前読経にはじまり、佐伯会長の挨拶、首相・文相・各国代表の祝辞などに続いて、各部会で提案事項が協議されました。その後に開かれた総会で、日中仏教者連携による仏教研究・布教・教育社会事業の具体的事業実施が決議されました。大会終了後、一行は東京・名古屋・関西各地の寺院・大学などを見学して各地の仏教者との親睦を深め、十一月二十一日に神戸より帰国の途に着きました（峯、一九二六）。

ところが、東亜仏教大会を支援した段祺瑞政権は長続きしませんでした。さらに昭和六年（一九三一）九月には満州事変が勃発して日中関係の悪化が決定的となります。日中仏教者の友好関係にも陰りが見えはじめ、大会で決議された提携事業も頓挫してしまいました。太虚は書を送り、日本軍国主義者の暴走を阻止するため協力することを日本仏教者に呼び掛けましたが、これに応える者はいませんでした。

四　第一回汎太平洋仏教青年大会〈昭和五年〉

日本仏教の国際性をアピールしていくことは、排日情況にさらされたハワイ・北米の日系人にとってより切実な課題でした。特にハワイでは、大正九年（一九二〇）のオアフ島第二次ストライキ、翌年の外国語学校取締法の実施など、現地と日系人の軋轢が表面化する事件が次々と起こりました。さらに大正十三年には、移民を厳しく制限した移民法（いわゆる「排日移民法」）が施行され、アメリカ社会への同化要求が激しさを増しつつあったのです（中西、二〇一二）。

当時、ハワイ人口は約三十三万人でしたが、人種別で日本人が最多の約十三万人を数え、全体の四割を占め、仏教信者もやはり全体の四割近くに達していました。なかでも、ハワイへの移民の多くが真宗信仰の篤い広島県・山口県・熊本県・福岡県の出身者で占められていたことから、本願寺派の信者が仏教信者全体の約六割を占めていました。同時に現地の市民権を得た日系アメリカ人が増え、日系移民の定住化に向けた対応が課題となっていたのです。

写真２　今村恵猛
（汎太平洋仏教青年会連盟編『第一回汎太平洋仏教青年大会並会議紀要』1931 年より）

こうした状況の中で、本願寺派ハワイ開教区総長の今村恵猛《えみょう》（一八六六―一九三二、写真２）は、日本人移民コミュニティの立場を代弁するだけでなく、外国人にも広く仏教に対する理解を広め、アメリカ社会への定着を目指すことの必要性を痛感していました。今村の指導のもと、本願寺派ハワイ開教区は、現地での仏教理解の浸透のための施策を展開し、英語伝道や英訳仏教書の翻訳、アメリカ人入門式の挙行など、アメリカ人協力者・信者を増やす努力を続けていました。さらに仏教の国際性をアピールするために企画されたのが、第一回汎太平洋仏教青年大会だったのです（汎太平洋仏教青年会連盟、一九三一）。

第一回汎太平洋仏教青年大会は、日本代表・朝鮮代表・インド代表・アメリカ代表・ハワイ代表が参加して、昭和五年（一九三〇）七月二十一日より二十六日までの間、ホノルル布哇（ハワイ）仏教会館で開催されました。出席者は、代表百七十七名、傍聴席五十余名の多数にのぼりましたが、中国、シャム（タイ）などで代表者の準備が整わず参加できませんでした。朝鮮から参加者は一人、インド代表も代理一人が出席しているにすぎませんでした。アメリカ代表として、アメリカ駐在開教使や米国仏教青年会の幹部ら十名が参加しましたが、在留日本人と日系人ばかりでした。

日本からは浅野孝之《たかゆき》（本願寺派執行所出仕・成蹊高等学校長）、大村桂巌《けいがん》（浄土宗僧侶・陸軍大学教授・大正大学教授）、柴田一能《いちのう》（日蓮宗僧侶・慶應義塾大学教授・立正大学教授）、立花俊道《たちばなしゅんどう》（曹洞宗僧侶・早稲田大学教授・駒澤大学教授）、鷹谷俊之《たかがいしゅんし》（真宗本願寺派僧侶・東洋大学教授・武蔵野女子学院学監）ら最多の三十一名が参加し、大会で主導的な役割を果たしました。一方、主催のハワイ側からは、ハワイ仏教連合青年会の役員、各島の仏教青年会役員、仏教各宗派のハワイ布教監督と仏教青年会代表らが参加しました。しかし、日本人・日系人以外では、本願寺派英語伝道部の外国人五名が参加しただけでした。

準備不足や経費の問題もあったのかもしれませんが、結局のところ会議は、日本側出席者とハワイ・米国の日系人仏教者が親睦を図り、相互の権益のため協力することが確認されたにすぎませんでした。大会では、各国代表から提出された議題を五部会に分かれて審議しましたが、その審議を主導したのは日本から出席者であり、東亜仏教大会で日中仏教者が協議して提携事業を企画したのに比べると、見るべきものはありませんでした。大会の幹部の中には、第一回大会を基礎としていっそうの国際的活躍を期する声も上がっていました。結局、この大会での最大の成果は、仏教青年会の国際連合組織の結成することと、第二回大会を東京で開催することを決議した点にあったといえるでしょう。

この決議をふまえ、昭和六年四月三日に「全日本仏教青年会連盟」が産声をあげ、日比谷公会堂で盛大な結成式を挙げました。それまで個々に活動していた仏教青年会が連合組織を結成し、統一行動に踏み出したことは第一回大会の大きな成果でした。

五　世界宗教平和大会と国際仏教協会

第一回汎太平洋仏教青年大会は、ハワイ・北米の日系人の民族意識の発揚を促したという点では意義があったのかもしれません。そして、日本仏教がいっそうの結束を図る契機ともなり、全日本仏教青年会連盟が結成されました。しかし、大会は日本人と日系人との交流にとどまり、国際大会と称するには大きな課題を残す結果ともなりました。

その一方で、第一次世界大戦後には、国際協調と軍縮政策に向けた努力が続けられ、宗教間対話を促進して世界平和の道を模索しようとする動きも活発化していました。昭和三年（一九二八）九月には、ジュネーヴで世界宗教平和大会協議会が開催され、二年後を期して世界の宗教者を招いて世界宗教大会を開くことが検討されました。中心となったヘンリー・アトキンソン博士は、第一次世界戦後フランスの寺院で宗派に関係なく戦没者が祀られているのを見て、世界平和が宗教によるべきことを確信し、シカゴ大学神学部長のシエーラ・マシウス博士と協力して、カーネギー平和財団の協力を得て大会開催することを企図したのです。計画では、世界各国から仏教、キリスト教（プロテスタント・カトリック・ギリシャ正教）、儒教、ヒンドゥー教、ジャイナ教、ユダヤ教、イスラム教、ゾロアスター教、神道、シク教、道教、その他の総勢約一千名の代表を招き、戦争に対する各宗教の最高理想を確認して世界平和に貢献することを目的に掲げていました。

日本からは、神道代表の友枝高彦《ともえだたかひこ》、仏教代表の友松圓諦《ともまつえんたい》、キリスト教代表の石田友治《ともじ》のほか、大本教の西村光月ら数名が参加しました。翌年四月にアトキンソンが来日して日本宗教界への協力要請があり、昭和五年六月には「世界宗教平和会議日本委員会」が発足しました。六月三日に開催された創立総会には、日本宗教協会、帰一協会、仏教連合会、神道連合会、基督教連合会、国際連盟協会、同宗教委員会に所属する日本宗教界の有力者三十六名が参集しています（世界宗教平和会議日本委員会、一九三二）。

昭和五年八月にベルリンで開催された実行委員会で、第一回世界宗教平和会議をジョージ・ワシントンの生誕二百年を記念して、昭和七年にアメリカで開催することが決定しました。各国からアルベルト・アインシュタイン（ドイツ）、タゴール（インド）などの著名人も参加することが決まり、第二回会議は東京での開催が有力との情報がアトキンソンから日本にもたらされました。これを受けて昭和六年五月十八日、明治神宮外苑日本青年館で日本宗教平和会議が開催されました。会議には、神道関係百十一名、仏教関係百三十四名、キリスト教関係七十四名、その他二十六名の計三百四十五名が参集し、平和に向けた諸宗教の教理と実際運動などに関し白熱した協議がなされました。

しかし、この直後に英国経済が危機的状況に陥り、九月には満州事変が勃発すると、世界宗教平和会議の開催に暗雲が漂いはじめました。総主事のアトキンソンは十月に経済的・政治的理由から会議を延期する旨の書簡を認め、各方面に送付しました。

結局、世界宗教平和会議は開催されませんでしたが、昭和八年には、再びシカゴで万国博覧会が開かれたのを契機に、八月二十七日〜九月十七日まで世界宗教大会が開催されました。各宗教代表数十名と二千人あまりの聴衆が参集し、経済問題、貧民問題、差別問題、平和問題、非暴力主義、愛国心と国際意識など、幅広い問題について論議されました。仏教連合会からは、増山顕珠《ますやまけんじゅ》（真宗本願寺派北米開教総長）らが参加しました。この大会で、増山は次回の宗教大会は日本にて開催することを要望しました。しかし、同年三月に日本国政府は国際連盟から脱退を表明しており、日本は国際社会から孤立しつつあったのです。

こうした危機的状況を受けて、同年十二月には「国際仏教協会」が発足しました。国際仏教協会は、仏教の国際的普及を目的に掲げ、欧米・アジア諸国の仏教者との連携を密にして、機関誌『海外仏教事情』、英文雑誌 *The Young East* を刊行するなどの活動を展開しました（中西、二〇一六b）。そして翌年開催の第二回汎太平洋仏教青年大会の成功の可否は、日本と日本仏教界にとって大きな意味をもつことになったのです。

六　第二回汎太平洋仏教青年大会〈昭和九年〉

第二回汎太平洋仏教青年大会は、昭和九年（一九三四）七月一八日から六日間にわたって東京・京都を会

写真３　第二回汎太平洋仏教青年大会出席の南洋代表団
（全日本仏教青年会連盟編『第二回汎太平洋仏教青年大会並会議紀要』1935年より）

場として開催されました。大会には、各国から代表総勢六百六十六名が参集し、日本側役員を加えると約一千名にもなり、各宗派の有力者を総動員した戦前最大級の仏教イベントとなりました。

北米代表九十二人、ハワイ代表百三十八人、カナダ代表九人のほとんどは日系人でした。しかし、アジア各地から、満州三十三人、中国八人、シャム十人、シンガポール一人、ビルマ二人、インド十一人の参加があった点で、第一回大会とは異なっていました。その一方で、満州国代表の参加に関東軍特務機関が協力し、三菱合資会社・三井合名会社・外務省文化事業部から大口寄付を受けるなど、日本政府・軍部・財界からの強い支援を受け、日本のアジア植民地政策との協調関係を強く意識した大会となった点も否定できません（全日本仏教青年会連盟、一九三五）。

また、このため中国側は大会を満州国の承認をねらったものであるとの反発を強め、正式な代表派遣を拒否しました。その後、藤井静宣《じょうせん》（草宣、真宗大谷派僧侶）

らの奔走によって六名の中国人僧俗が個人参加することになり、のちに太虚と蒋介石《しょうかいせき》が会談した際、中国代表が大会に参加することに何ら支障がないとの見解を示したことが伝えられました。その後の日中の仏教親善に望みをつなぐことになったのです。

アジア各国からの参加者の中には、大会がアジアと仏教の復興に寄与することへの期待感を示した者もありましたが、決議を急ぐあまり「ファッショ気分濃厚な進行法」がとられたと、北米仏教青年会代表団副団長が指摘しています。運営上の不手際も多かったようですが、ともかくアジアの仏教者が一堂に会した点は意義深く、その後に国際的仏教青年会組織「汎太平洋仏教青年会連盟」の充実が大きな課題として残されたのです。

しかし、昭和十一年末の段階になっても、連盟の組織化が順調に進んでいたのはアメリカ本土とハワイのみであり、日本・カナダ・インド・ビルマ・シャム・中国・満州では連盟の役員決定を見ていませんでした。一方、大会後に、国際的な仏教者の提携と連絡を図るため「国際仏教通報局」が設立され、昭和十年四月から月刊誌『国際仏教通報』を創刊して国際的な仏教の動向を伝えるようになりました（中西、二〇一七）。

七　日中仏教交流の再開と破綻

第二回汎太平洋仏教青年大会で、正式な中国代表派遣が見送られましたが、大会に個人参加した中国僧俗と日本側の大会関係者の間で関係修復を目指す動きが起こりました。そして、昭和九年（一九三四）九月に「日華仏教研究会」、翌年七月には「日華仏教学会」という日中の仏教関係者の親睦団体が組織されました（齊藤、二〇一一)。

日華仏教研究会の活動を推進したのは、浄土宗大本山知恩寺法主を引退して同会幹事就任した林彦明《はやしげんみょう》でした。会長には佐伯定胤(後に大西良慶《りょうけい》〔清水寺貫主〕に交代)が就任し、知恩院内に本所を、東京・大阪・上海・漢口・杭州・南京・北京・青島に支部を置きました。会の中心となったのは京都に拠点を置く中国仏教研究者たちで、機関誌『支那仏教事業』『東亜宗教事業』を創刊し、資金面では有志の寄付のほか、知恩院や東西本願寺が支援しました。中国側からは、印光《いんこう》(中国浄土宗第十三祖)、倓虚《たんきょ》(青島湛山寺住職・青島支部長)、圓瑛《えんえい》(寧波仏教会会長)ら僧侶のほか、王克敏《おうこくびん》(臨時政府行政委員長)、唐仰杜《とうぎょうと》(山東省長)、王揖唐《ゆうとう》(臨時政府内政部総長)ら、のちに中華民国臨時政府の有力者となった者も多く入会していました(中西、二〇一七)。

一方、日華仏教学会は、昭和八年八月一五日に藤井静宣、好村春基《こうむらはるもと》(春輝)ら第二回汎太平洋仏教青年大会の関係者が中心となり、大正大学に留学中の中国人僧侶墨禅が加わって設立されました。会長には、第二回汎太平洋仏教青年大会の会長を務めた柴田一能が就任し、東京帝国大学・早稲田大学・慶應義塾大学・大正大学・駒澤大学・立正大学など、東京での仏教学の研究者が多く入会し、仏教連合会や全日本仏教青年会連盟とも密接な関係にありました。中国仏教界からは、太虚や王一亭《いってい》をはじめとする有力僧俗が多数賛助員となり、多様な提携事業も計画され、機関誌『日華仏教』を発行しました(中西、二〇一七)。

ところが、会発足の前後から現地で抗日活動が活発化し、昭和十年一月汕頭《すわとう》邦人巡査射殺事件、七月上海邦人商人射殺事件、十一月中山水兵射殺事件、翌十一年八月成都事件、九月北海事件などの反日テロ事件が相次いで起こりました。同年九月、成都事件のさなか中国視察を終えた全日本仏教青年会連盟の主事浅野研真《けんしん》は、親日派と目されていた中国仏学会の理事長太虚が、中国仏教会の理事長圓瑛と手を結んで抗日運動に邁進しているとの情報を日本にもたらしました。この情報は日本仏教界に大きな衝撃を与えました。

昭和十二年七月の盧溝橋事件が勃発した後も、日華仏教研究会は、同年十二月に日本占領下の北京に成立した中華民国臨時政府の影響下にあった中国仏教と交流を続けましたが、抗日を鮮明にした蒋介石の南京国民政府と関係の深い太虚らと提携する日華仏教学会は大きな打撃を受けました。盧溝橋事件後、仏教各宗派有力者が軍部等と連携して国家的課題に即応するために組織した「明和会」は声明を発し、日本政府の対中方針を支持して慰問等を通じて軍部を支援することを表明しました。これに対して、太虚は書簡を日本の仏教連合会に送り、日中和平の実現のため日本軍国主義者の暴走阻止に向けた協働を求めました。

しかし、日本仏教連合会は太虚の要求を拒否する回答文を通達しました。一方、圓瑛を中心とする中国仏教会も会議を開き、日本側の軍事行動制止を求める「日本仏教徒に告ぐる書」を日本仏教界の有力者に送付しました。これに対しても、明和会が中国仏教者に反省を勧告する文を作成して反論し、中国の仏教者代表機関に送致しました。こうした状況の中で、日華仏教学会は事実上の解散に追い込まれていったようです。日中が全面戦争へと突入していく中で、日中仏教の提携は破綻していったのです。

八　第三回大会開催をめぐる混乱

戦時体制の進行は、第三回汎太平洋仏教青年大会の開催にも暗い影を落とし、その開催地の決定をめぐって全日本仏教青年会連盟の方針は迷走しました。当初、第三回大会はアメリカで開催することとなっていましたが、第二回大会に参加したシャム代表のパンチヨンがシャムでの開催を提案し、さらに大会で通訳を務めた満州国公使館の孫錯参事官が満州国開催を主張しました。このため第二回大会の総会で、全日本仏教青年会連盟に選定することを一任することが決議されました。

昭和十年（一九三五）八月、次期開催候補地の視察のため、全日本仏教青年会連盟の大村桂巌理事長と稲葉文海《いなばぶんかい》主事とが満州を訪問しました。帰国後に大村と稲葉とは、満州の人々が現地での開催を熱望しているが、日本人官吏や軍部が時期尚早論に傾いていること、満州仏教の組織的状況が大会を開催する状況にないことを指摘し、満州開催には慎重な発言をしています。

続いて大村は、外務省の仲介を受けてシャムとの折衝も進めました。シャム側は大会の資金を確保するために本国政府に国庫の補助を申請して採択され、年末にはシャム開催でほぼ決定との報道も流れました。しかし、翌年に入ると両国の負担金をめぐって折り合いがつかず正式決定には至りませんでした。昭和十一年に全日本仏教青年会連盟の役員が変更となり、理事長が大谷瑩潤《えいじゅん》（真宗大谷派連枝）、主事が浅野研真に交代しました。役員が交代してもシャム開催は既定路線と引き継がれ、同年六月は大谷と浅野がシャムに赴いて現地で折衝する予定となっていました。資金面でも大会費用を五万円と見積もり、シャム開催を推す外務省から一万円、民間から一万円の計二万円を日本側から支出する算段もできていました。同年七月にはロンドンで世界宗教会議が開催され、外務省は姉崎正治《あねさきまさはる》、鈴木大拙《だいせつ》（貞太郎）、賀川豊彦《かがわとよひこ》に出席を要請し、この三名を日本代表として派遣しています。国際的に孤立する中で、外務省はシャム開催を強く支援していたのです。

ところが、シャム出発の直前に大谷と浅野の訪問先は急きょ満州へと変更され、同年八月大連を経て新京に入り、日満軍人会館で開催された日満代表協議会に臨みました。この会議には、全満仏教各派代表六十名のほか、関東軍と満州国政府代表三十名が参加し、協議の結果、次期開催地を満州とすることが決定しました。

当時、日本は、華北一帯を国民政府の影響下から分離して日本の支配下に置く工作を本格化させつつあり、関東軍と満州国政府の一部に、満州国の国威宣揚と統治安定を図るための宗教工作の一環として、満州開催を強く求める動きがあったようです。その下工作として、同年四月に日満仏教協会が設立されています。東京で行われた発会式には、日本仏教界の有力者が多数参加し、役員にも名を連ねましたが、満州側の僧侶が出席した様子はうかがえず、日本仏教主導で大会を開催するため、急きょ結成された印象の強いものでした。

突然の決定に対する批判も提起されましたが、昭和十二年三月二十一日開催の全日本仏教青年会連盟全国理事会で、満州開催が正式決定しました。しかし、満州仏教界の第一人者であるハルビン極楽寺住職の如光が、満州国仏教界に大会を開くだけの態勢が整っていないという談話を発表するなど、満州開催を危ぶむ声が噴出し、準備作業は順調には進みませんでした。さらに同年九月に盧溝橋事件が起こったことで、満州大会の開催は中止されることになりました。

九　大東亜仏教青年会〈昭和十八年〉

昭和十一年（一九三六）ごろには、東京オリンピックの開催と「皇紀二千六百年」を記念して昭和十五年に、万国宗教大会を開催しようとする動きが日本宗教界に起こりました。ところが、東京オリンピックの開催が困難となる中でこの計画もすぐに立ち消え、昭和十三年七月には日本政府が東京オリンピックの開催権利を返上しました。代わって同年以降、日本占領下で中国民国臨時政府が成立した北京で、第三回汎太平洋仏教青年大会を開催する案が浮上しました。しかし、この案も日中戦争の戦域が拡大する中で実現には至りませんでした。

昭和十四年七月、全日本仏教青年会連盟の第九回総会が開催され、連盟の名称を「大日本仏教青年会連盟」と改称することが決議されました。翌年十月開催された第十回総会は、「皇紀二千六百年」を記念して「興亜仏教青年会大会」と銘打って、奈良県橿原・東大寺・法隆寺で開催されました。大会では、国家発展の目的に即応して至誠奉公することをうたった決議文が採択され、汎太平洋仏教青年会連盟を「大東亜仏教青年連盟」に改組することも決定しました。

この後、日本敗戦も色濃くなった昭和十八年八月「大東亜仏教青年会」が開催されています。大会開催に先立ち二月に発表された「要綱」では、「大東亜共栄圏内」の青年仏教者の総力を結集して「大東亜戦争完遂」に協力すべき目的が掲げられ、陸軍省・海軍省・大東亜省・文部省・情報局・大政翼賛会・東京府・東京市・大日本仏教会・国際仏教協会・東京仏教団の後援を得るとしていました。また日本のほか、満州、中華民国、蒙疆《もうきょう》、泰国（タイ王国）、仏印《ふついん》（フランス領インドシナ）、ビルマ、インド、マライ、ジャワ、比島（フィリピン）等の青年仏教者団体に招待状が発送され、アジア各国からの参加者六十二名を含め約五百名が参集したといいます（大東亜仏教青年会大会準備事務局、一九四三）。

八月四日午前中、芝増上寺での「大東亞戦争戦歿英霊報国法要」の執行に引き続いて、午後から大東亞会館で大会が開幕しました。大会では、「大東亜建設」のための仏教宣言が満場一致で採択され、戦争遂行と「大東亜共栄圏」建設の目指すための方策が協議されました。その後大会は、八日に名古屋に移動し、十日の橿原神宮参拝を経て、十一日に知恩院で京都大会を開催し、京都・奈良・高野山の各地をまわって十五日に大阪で解散しています。

こうして戦時下における日本仏教者の国際交流に向けた努力は、「大東亜共栄圏」建設の目的のためへとすり替えられていったのです。新たな仏教国際交流の道を踏み出すためにも、国際協調と世界平和への道を貫くことのできなかった日本仏教のあり様を含めて、戦時下の仏教国際交流の歩みを改めてさらに検証してみる必要があるのではないでしょうか。

（中西直樹）

参考文献

齊藤隆信「日華仏教研究会顚末記」『浄土宗学研究』三八号、知恩院浄土宗学研究所、二〇一一年
財団法人全日本仏教会編『第二十四回世界仏教徒会議大会紀要』二〇〇九年
佐藤三郎『近代日中交渉史の研究』吉川弘文館、一九八四年
世界宗教平和会議日本委員会編『日本宗教平和会議紀要』一九三二年
世界宗教者平和会議日本委員会編『世界宗教者平和会議・会議記録』一九七二年
全日本仏教青年会連盟編『第二回汎太平洋仏教青年大会並会議紀要』一九三五年
大東亞仏教青年大会準備事務局編『昭和十八年一月　大日本仏教青年会連盟要覧』一九四三年
高階瓏仙編『日置黙仙伝』大法輪閣、一九六二年

常光浩然編『日本仏教渡米史』仏教出版局、一九六四年
中西直樹『仏教海外開教史の研究』不二出版、二〇一二年
中西直樹・林行夫・吉永信一・大澤広嗣編『資料集・戦時下「日本仏教」の国際交流』第Ⅰ期汎太平洋仏教青年会大会関係資料、不二出版、二〇一六年a
中西直樹・林行夫・吉永信一・大澤広嗣編『資料集・戦時下「日本仏教」の国際交流』第Ⅱ期南方仏教圏との交流、不二出版、二〇一六年b
中西直樹・林行夫・吉永信一・大澤広嗣編『資料集・戦時下「日本仏教」の国際交流』第Ⅲ期中国仏教との連携、不二出版、二〇一七年
中西直樹・林行夫・吉永信一・大澤広嗣編『資料集・戦時下「日本仏教」の国際交流』第Ⅳ期全日本仏教青年会連盟機関誌『青年仏徒』、不二出版、二〇一八年
中西直樹・林行夫・吉永信一・大澤広嗣編『資料集・戦時下「日本仏教」の国際交流』第Ⅴ期チベット仏教との連携、不二出版、二〇一九年
中西直樹・大澤広嗣編『論集戦時下「日本仏教」の国際交流』不二出版、二〇一九年
中西直樹『新仏教とは何であったか――近代仏教改革のゆくえ』法藏館、二〇一八年
日本宗教懇話会編『御大典記念日本宗教大会紀要』一九二八年
汎太平洋仏教青年会連盟編『第一回汎太平洋仏教青年大会並会議紀要』一九三一年
藤井草宣『最近日支仏教の交渉』東方書院、一九三三年
水野梅暁『支那仏教の現状に就て』支那時報社、一九二六年
水野梅暁『支那仏教近世史の研究』支那時報社、一九二八年
水野梅暁編『日本仏教徒訪華要録』日本仏教連合会、一九二八年
峯玄光編『東亜佛教大会記要』仏教連合会、一九二六年

第Ⅲ部　仏教の国際貢献に向けた課題と展望

若者たちに説法する比丘
（現地調査中のインド・クシナガラでの一場面。撮影：若原雄昭）

第六章　アジアのエンゲイジド・ブッディズムとその可能性

一　エンゲイジド・ブッディズムとは何か

エンゲイジド・ブッディズム（Engaged Buddhism）という言葉は、ベトナム人僧侶ティック・ナット・ハン（一九二六―、写真１）が、ベトナム戦争下の一九六三年に *Engaged Buddhism* という小冊子の中ではじめて用いた言葉だとされます。

写真１　ティック・ナット・ハン
(Wikimedia Commons より)

「エンゲイジド」という言葉は、フランスの実存主義哲学者ジャン＝ポール・サルトル（一九〇五―一九八〇）の「アンガージュマン（engagement）」という言葉にインスピレーションを得たものです。アンガージュマンとは、現実の社会状況に自らかかわることにより、歴史を意味づける自由な主体として生きること、より具体的には現実の社会状況の問題に目覚め、主体的に政治的・社会的に参加し、態度決定をすることを意味しています。すなわちティック・ナット・ハンは、ベトナム戦争の戦禍の中、人々が爆撃や銃弾に逃げ惑う現実があるその一方で、僧侶として現実社会から離れて僧院の中で瞑想に専念するのではなく、その現実の社会状況にめざめ、自ら主体的に参与し、その苦しみから人々を解放するためにエンゲイジド・ブッディズム運動をはじめたのです。

エンゲイジド・ブッディズムという言葉がよく耳にされるようになるのは、一九八〇年代以降のことです。それもアジアの仏教徒の間ではなく、むしろ欧米の仏教徒たちによってでした。この時期に Buddhist Peace Fellowship（BPF）や UK Network of Engaged Buddhists, Engaged Zen Foundation, UK Network of Engaged Buddhists, Engaged Zen Foundation といった、エンゲイジド・ブッディズムを標榜する組織が特に欧米で多く設立されました。すなわち、欧米各国の仏教徒のグループが取り組む、平和活動、環境運動、貧困・人権問題の解決のための運動がエンゲイジド・ブッディズムという言葉で呼ばれるようになり、そのような脈絡の中でこの言葉も広く使われるようになりました。

例えば、一九七八年にアメリカのカリフォルニア州バークレー市で創設されたBPFは、現在では世界十二か国に支部があり、そのメンバーの大半は既成の仏教諸宗派に所属している仏教徒たちです。彼らは、社会的な問題に仏教の立場から取り組みたいという関心が強く、社会運動に参加する仏教こそが現代の仏教であると考えています。また設立趣意書に、「我々は、個と他との関係、組織および社会制度から生じる苦悩から衆生が解放されるための手助けに努める。BPFが行う行事、出版および修行等を通して仏教の智慧と慈悲という教えを、進歩的社会改革に結びつけることを目指す。」と謳っているように、仏教の智慧や慈悲といった思想を根本理念として掲げています。ただその具体的な活動内容は多岐にわたり、平和問題だけでなく、環境問題や犯罪の問題にも取り組む組織として活動しています。

一九九〇年代以降、欧米・アジアのエンゲイジド・ブッディズム運動について研究しているサリー・キングは、エンゲイジド・ブッディズムとは現代仏教の一つのかたちであり、現代の社会的、政治的、エコロジー問題について、積極的にまた非暴力的に関わる運動であると定義しています（King, 2009）。このように、エンゲイジド・ブッディズムはもともとアジアの仏教徒が始めた運動で用いられた言葉に由来していますが、近年では、欧米における仏教の活動の旗印として広く知られるようになっています。

二　欧米のエンゲイジド・ブッディズムとその性格

欧米におけるエンゲイジド・ブッディズム運動がもつ性格について、二〇〇三年にオックスフォード大学から出版された *Dictionary of Buddhism* では、次の五つの点があげられています。

(1)社会・政治・エコロジーの諸問題に対して仏教の立場からの解決策を提示していること。
(2)出家・在家の違い、あるいは伝統的な仏教国の人・西洋の仏教者の垣根を越えて運動を行っていること。
(3)二十世紀後半に始まり、仏教思想・実践の中心になりつつあること。
(4)仏教が伝統的に強調する内なる精神的な発展を見失うことなく、不公平で抑圧的な社会的・政治的体制を改革することで苦しみや圧制を軽減する活動に従事していること。
(5)伝統的な仏教は、人類と積極的に関わることよりも、瞑想や出世間性を強調するため、あまりにも消極的で世間から遊離しすぎているという批判に応えるために生まれた運動であること。

(Keown, 2003)

エンゲイジド・ブッディズムとは、社会・政治・エコロジーの問題に対して仏教の立場から解決の方策を提示し、出家・在家の違いや民族国家の垣根を越えて活動するとともに、不公平で抑圧的な社会的・政治的体制を改革することで苦しみを軽減することを目指す運動であるといいます。また、とかくこれらの問題に対して関わることに消極的であるとみられがちな仏教の側からのそのような批判に対する応答でもあると定義しています。

先のサリー・キングは、エンゲイジド・ブッディズムの思想的な特色について三つの点をあげています。

(1)エンゲイジド仏教とは現代仏教の一つのかたちであり、現代の社会的、政治的、環境的な問題について、積極的にまた非暴力的にかかわる運動である。

(2)エンゲイジド仏教は、一人のリーダーのビジョンにもとづいてはじまるものでもなければ、宗派のようなものにより限定されることもない。上座部仏教、大乗仏教、金剛乗あるいは無宗派の仏教などあらゆるグループがかかわる運動である。

(3)エンゲイジド仏教は、他者の幸福、それぞれの仏教の実践に啓発され仏教の価値や教えを非暴力的に社会の問題に応用しようとする運動である。

(King, 2009)

すなわち、仏教の中にある宗派や出家・在家といった垣根を越えて連帯しているところにキングはエンゲイジド・ブッディズムの特質を捉えています。また、この運動は、仏教が伝統的に強調する内なる精神的な発展を見失うことなく、不公平で抑圧的な社会的・政治的体制を改革することで苦しみや圧制を軽減する活動に従事する運動でもあるとキングはいいます。

このエンゲイジド・ブッディズムについての二つの定義が、現在のエンゲイジド・ブッディズムに対する一般的な理解だということができます。

三　エンゲイジド・ブッディズム運動にみられる二つの立場

このように、歴史的にみるともともとアジアで生まれたということのできるエンゲイジド・ブッディズム運動は、仏教における社会活動として、むしろ欧米社会でまず広く受け入れられました。そして、その後アジアの仏教徒たちがそれぞれのコミュニティで社会参加し、社会実践を行う姿が次第に注目されるようになります。

例えば、一九六〇年代のティック・ナット・ハンに代表されるベトナムの仏教僧と仏教徒たちの反戦・平和運動は、アジアのエンゲイジド・ブッディズムの姿として注目され高く評価されました。アメリカを訪問したハンは、当時のマクナラマ国防長官や、黒人の公民権運動をすすめていたマーティン・ルーサー・キング・ジュニアとも面会しています。特にキング牧師はハンの活動に共感を示しました。

ハンたちの活動とほぼ時を同じくして、タイの出家僧プッタタートが「仏法社会主義（Dhammic

Socialism）」の運動を始めています。社会主義思想に影響を受けたこの運動は、貧困や社会的不平等の問題にタイの仏教徒たちが取り組んだ活動でした。また、スリランカの在家仏教徒A・T・アリヤラトナが、サルボダヤ・シュラマダーナ運動を始めました。この運動は、仏教の教えに基づく民衆の目覚めと農村（地域コミュニティ）の活性化を結びつけて展開された農村開発運動でした。さらに、東アジアの台湾でも「世間すなわち是れ浄土」という信念から、現実の中で人間浄土の実現を目指し社会奉仕の実践を行う台湾仏光山の星雲に代表される人間仏教《じんかんぶっきょう》の活動が始まっています。一九八〇年代以降、このようなアジアのエンゲイジド・ブッディズムが欧米社会でも広く認知されるようになりました。

ただ、エンゲイジド・ブッディズムという言葉が、欧米社会で広く用いられるようになると言葉が指す内容や定義も拡散していきました。そして、一九八〇年代後半になるとエンゲイジド・ブッディズムをめぐり大きく二つの異なる理解がみられるようになりました。

一つは、エンゲイジド・ブッディズムの理念は、もともと仏教の教えが既に含んでいたものであるとする立場です。もう一つの立場は、エンゲイジド・ブッディズムを、社会運動としての仏教の新たな展開であるとするものです。

前者の立場をとるのは、主にアジアのエンゲイジド・ブッディズムの活動をしている人々であり、後者は欧米でさまざまな社会活動を行っているエンゲイジド・ブッディズムに参加している人々に多くみられる立場です。

例えば、チベット仏教の指導者であるダライラマ十四世やタイの仏教活動家のスラク・シバラクサなどは、前者の立場をとっています。すなわち、彼らは自分たちが行っているさまざまな社会的な活動の意味を、仏教の伝統的な理念と結びつけて明らかにしようとしています。一方、後者の立場をとる人々には、欧米でエンゲイジド・ブッディズム運動を展開している活動家やエンゲイジド・ブッディズムの思想や理論を研究する研究者の一部にみられる立場です。例えば、シカゴ大学のジョセフ・キタガワやケン・ジョーンズは、エンゲイジド・ブッディズムを、ダルマにより社会問題を解決していく、小乗、大乗、金剛乗に次ぐ第四乗であると位置付けています。すなわち、エンゲイジド・ブッディズムとはそれまでになかった、あるいはあったとしてもその中心ではなかった、社会運動としての仏教の欧米社会における新たな展開であると捉えています。

一九八〇年後半には、これら二つの立場の間でエンゲイジド・ブッディズムの理念をめぐって論争が起こりました。そのときに、この言葉を最初に用いたベトナム僧ティック・ナット・ハンはそのような論争そのものにも批判的でした。そして、一九九二年に「エンゲイジド・ブッディズムとは仏教そのものである。自分の家庭や社会で仏教を実践すること自体がエンゲイジド・ブッディズムである。（"Engaged Buddhism is just Buddhism. If you practice Buddhism in your family, in society, it is engaged Buddhism."）」という宣言を行いました。すなわち、もともと自分が用いたエンゲイジド・ブッディズムという言葉は、伝統的な仏教に現代の何か新しい側面を加えたということではなく、本来仏教がもっている意味を現代的に表現したすぎないのだと表明したのです。しかし、その後もエンゲイジド・ブッディズムという言葉の意味が拡散していったことから、ティック・ナット・ハンは、結局自分は今後このエンゲイジド・ブッディズムという言葉を一切用いないことを宣言することになります。その代わりにハンは、エンゲイジド・ブッディズムという言葉に彼が込めていた、仏教本来の価値を表現する言葉として「マインドフルネス（Mindfulness）」という言葉を用いるようになります。

一方後者の立場は、もともとＮＰＯなどの社会活動が盛んであった欧米においてよくみられるものです。もともと平和・反戦運動あるいは環境運動として始まった草の根運動が、自分たちの活動の理念を仏教の教えと結びつけて、エンゲイジド・ブッディズムという立場を標榜しました。これらのグループでは、伝統的な仏教理解や出家・在家の違いといった枠組みはほとんど意味をもたず、むしろそのような伝統的な仏教と自分たちは異なることを意識的に示すためにエンゲイジド・ブッディズムという言葉を用いました。そして、自由に新たな視点から仏教の教えを実践的な活動と結びつけて説くことで、とりわけ欧米の社会活動家たちの共感を得ました。ただこの立場に対しては、ややもすると自らの主義・主張にあわせて仏教の教えを恣意的に解釈したり、活動があまりにも政治化したり暴力的になることも多く、前者の立場から厳しく批判されることも少なくありません。ハンがエンゲイジド・ブッディズムという言葉を用いることを止めた大きな理由もそこにありました。

四　日本におけるエンゲイジド・ブッディズムの理解

日本でも一九九〇年以降になると、エンゲイジド・ブッディズムという言葉を少しずつ耳にするようになります。ただし、欧米やアジアのエンゲイジド・ブッディズム運動が注目され、日本でもエンゲイジド・ブッディズムという言葉を使った活動が生まれるようになるのは、二〇〇〇年代になってからだといえます。

既に一九八〇年代には日本でもカンボジアなどの難民キャンプで活動する仏教系のＮＰＯグループが生ま

れています。その大半は、特定の仏教宗派内のグループの活動として始まったものでした。もちろん、これらの運動はエンゲイジド・ブッディズムを標榜していたわけではありませんが、欧米のエンゲイジド・ブッディズムの展開とよく似た点がみられます。ただ、仏教が長い間社会の中に根ざしてきた日本では、その活動は基本的に宗派や教団の枠組みの中で行なわれました。しかし、現場でのさまざまな活動を臨機応変に展開するために、次第に宗派色を消した支援や活動が行われるようになりました。そして市民運動としてその活動の幅を広げていくようになりました。

一方、欧米のエンゲイジド・ブッディズムという概念も、九〇年代になると日本でも次第に紹介され認知されるようになります。当初日本ではエンゲイジド・ブッディズムという言葉について幾通りかの日本語訳が行われました。例えば、「闘う仏教」「社会仏教」「行動仏教」「社会をつくる仏教」などと訳されました。このことは、既にエンゲイジド・ブッディズムという言葉が欧米ではさまざまな活動に対して用いられていたこともその背景にあると考えられます。またその理解については、欧米の場合と同様に二つの立場がみられました。

一つは、エンゲイジド・ブッディズムということを仏教徒による社会運動を指すものだとする理解する立場です。最初にエンゲイジド・ブッディズムという言葉を日本語で表現したのは日蓮宗の丸山照雄だと考えられますが、彼はこの言葉を「闘う仏教」と表現しました。平和・反戦運動の活動家でもあった丸山は、この言葉を自分たちの運動と結びつけて理解したのです。このことは、一面においてエンゲイジド・ブッディズムに対する外部の人々の誤解を生み出すことになりました。その後、「社会仏教」という翻訳も用いられるようになりますが、それは丸山の「闘う」という言葉を和らげようとする意図がありました。いずれにしても運動として、場合によっては政治的権力や社会的主流と闘う姿勢をもつような社会運動がエンゲイジド・ブッディズムであると理解したのです。

一方、丸山たちのようにエンゲイジド・ブッディズムを社会運動として理解する立場に対して、仏教の理念や価値を中心に据えて理解しようとする人々は別の表現を用いるようになります。例えば、阿満利麿は「社会をつくる仏教」とこの言葉を翻訳し、仏教的価値の社会的実現がエンゲイジド・ブッディズムであることを主張しました。阿満は、エンゲイジド・ブッディズムとは、仏教のダルマ（真理）の視点から、社会的な不正義、制度的悪、制度を人間苦の原因と見なして、それを解決するために行動しようとする運動であるといいます。阿満は、従来の仏教では「苦」の原因がもっぱら個人の内面の問題としてのみ考えられてきたが、例えば、ベトナムの仏教徒たちは、戦争という現実の苦しみの中で、「苦」の原因には社会が生み出した構造的な問題があるのだと気付き、そして「苦」の原因となる社会の矛盾、社会構造の変革に積極的に立ち向かうことになった（阿満、二〇〇三）といいます。エンゲイジド・ブッディズムとは単なる社会運動でなく、仏教という宗教の社会倫理だと主張しました。

先に述べたように、この二つの立場の違いは欧米におけるエンゲイジド・ブッディズム運動にみられる二つの立場の違いとよく似ているといえます。ただ、日本の場合はアジアのエンゲイジド・ブッディズム運動の活動に対する理解が、特に伝統的な宗派の社会活動に関わる人々の間で深まらなかったことから、それをエンゲイジド・ブッディズム運動として捉えることはあまりみられませんでした。

五　アジアにおけるエンゲイジド・ブッディズムの理念

次に、日本以外のアジアにおけるエンゲイジド・ブッディズム運動について概観しておきましょう。まず、エンゲイジド・ブッディズムという言葉を生み出したベトナムにおけるティック・ナット・ハンの活動、そしてスリランカのA・T・アリヤラトナによるサルボダヤ・シュラマダーナ運動について紹介したいと思います。

ハンは青年期を僧侶としてベトナム戦争下で過ごしましたが、師ティック・カン・ドクが人々を苦しめる戦争の終結を願い自ら焼身供養する姿を目の当たりにして、自らも戦争終結にむけた運動をはじめました。ハンは声明を出し戦争停止を世界に訴えるだけでなく、仏教の精神に基づいて、①寛容で偏見のない指導者を養成するための仏教の専門教育機関の設立、②社会変革を実践する社会をつくるための社会奉仕員の養成所の設立、③The Oder of Inter-being の設立を宣言し行動を開始しました。その結果、当時の南ベトナム政府の弾圧をうけ、一九六六年にフランスへの亡命を余儀なくされました。しかし逆にそのことが、ハンの世界的な活動の展開にもつながることになりました。

ハンの戦争や暴力に対する視座は、インター・ビーイング（Interbeing：華厳的縁起理解に基づく相互依存関係）とマインドフルネス（正念）という仏教の理念にあります。またハンは現実の問題を、ブッダが説いた四聖諦、なかでも苦諦・集諦の意味をとおし理解しています。すなわち、苦の原因（集諦）を、伝統的な仏教の解釈のように個人の煩悩や無明だけに求めるのではなく、国家や社会の制度も現実に起こっている苦の原因と結びつけて理解します。ブッダが説いた苦の問題の原因を、個人の無明だけでなく、国家や社会の制度が生み出す構造的な苦（暴力）としても捉え、さまざまな現代的な問題の根本を仏教の立場から明らかにしています。さらにハンは、

瞑想は、社会から離れ、社会から逃げ出すことではなく、社会への復帰の準備をすることです。これを私たちは〈行動する仏教〉と呼んでいます。瞑想センターへ入る時、つまり寺に入る時、家族や社会、そしてそれにまつわるすべての煩わしさを離れ、個人としてやってきて瞑想を実践し、平和を求めるのだという印象を受けるかも知れません。これがすでに錯覚です。なぜかというと、仏教においては個人としてあるということはないからです。（Hanh, 1987b）

とも指摘しています。ハンは、仏教的な行にはそのようなエンゲイジド・ブッディズムの視座が既に含まれていると述べ、そのためにはマインドフルネスが大切であるとハンは強調します。マインドフルネスとは、日常的な瞬間瞬間での気付きのことだといえますが、ハンはこのマインドフルネスの意味について、英語ではうまく表現できない概念だとしながら、次のような比喩を使って説明しています。

たとえば、他の人とお茶を飲むときに、よくわれわれは話に夢中になって自分が何をしているか意識していない。しかし、自分の行動によく気をつけている、われわれはお茶を直接経験することになる。……そこにあるのは経験だけであり、その時には経験ということを意識することなく経験だけが存在し

ている。……マインドフルネスは、私たちに道を示してくれる光です。私たちのなかの生きているブッダそのものです。マインドフルネスは、洞察と目覚めと愛をわき起こらせてくれます。私たちはみな、自分たちのなかにマインドフルネスの種を持っていますが、呼吸を意識する練習（禅）によって、それに触れられるようになるのです。（King, 2001）

仏教における行の実践（ハンの場合は座禅）により、マインドフルネスという気付きを得ることで、自己と社会に対する深い洞察と苦の問題の本質にめざめ、そのことに基づいて自己と世界の平和を発展させていくことが、ハンが理解するエンゲイジド・ブッディズムであるといえます。

次に、ティック・ナット・ハンと並んで、アジアにおける初期のエンゲイジド・ブッディズム運動のもう一つの例としてスリランカのA・T・アリヤラトナ（一九三一―）のサルボダヤ・シュラマダーナ運動について紹介したいと思います。

サルボダヤ・シュラマダーナ運動は、コロンボで高校教師をしていたアリヤラトナがはじめた農村開発運動です。「サルボダヤ」とは「めざめ（覚醒）」あるいは「すべてのものが平等に興隆すること」であり、「シュラマダーナ」とは「共同労働」「地域自立」を意味しています。この運動の基本は、仏教に基づく精神的、道徳的価値を重視し、「欲望」ではなく「必要」に基づく自立的農村社会を目指す活動にあります。具体的には、都市部に住む若い青年たちが、農村での協働生活を送りながら、支援する側の若者たちが、ただ困っている人のニーズに応えるだけでなく、そのような現実を生み出している自分たちの社会の中の原因にめざめ、支援者も被支援者も本当の意味のニーズが何であるかについてお互いにめざめることにあります。

この運動では、各農村のインフラを住民と協働して整備し、その作業の中でコミュニティのローカルリーダーを育成し、彼らを中心にプロジェクトを立て、資金の自立を図るための「シーズ」と呼ばれる共同体の金融機関をつくりプロジェクトを自立的に推進していくというものでした。そのうえで、政治的・経済的に自立した農村の自立を目指したのです。そして、その根本になるのがサルボダヤ、すなわち人々のめざめと共同体のめざめでした。

この運動は、後にはさまざまな問題も抱えることにもなりましたが、アメリカで平和運動やさまざまな市民運動の活動を展開していたジョアナ・メーシー（一九二九—）が高く評価したことから、欧米のアジアにおけるＮＰＯ活動にも大きな影響を与えました。

メーシーは、この運動を自らの仏教解釈に基づいて理論的に紹介しました。すなわち、この運動は、自己のめざめと社会のめざめという仏教的な視点から、現実の苦を理解するものであり、それは仏教の縁起の思想、彼女はそれを「自己と社会の連係生起」と呼び、そのような仏教の社会実践を社会学のシステム理論と結びつけて理論化し、苦の問題を含めた現代世界の諸問題に対し、仏教が示しうる解放のパラダイムとして理論化しました。そして、全米各地でさまざまなワークショップを行い、欧米におけるエンゲイジド・ブッディズムの展開にも大きな影響を与えました。

メーシーは、「仏教徒の中には、無執着を、世界から自由になってその運命に関心を向けないことだと理解している」人たちがいるが、「彼らは、仏陀が教えたのは自我からの脱却であって、世界からの脱却ではないことを忘れている。」（メーシー、一九九三年）と批判しています。その一方で「社会の仕組みは私たちの心の単なる投影や反映ではない。私たちの無知や恐れや欲望が、構造化されたものとして、それらは独自な力学で動いている。」と指摘し、ブッダは「自己も社会もともに現実であり、互いに互いをあらしめる因となっている。自己と社会は連係生起」するとして、社会科学的な視点を取り入れたエンゲイジド・ブッディズムの活動を広めようとしました。

六　アジアのエンゲイジド・ブッディズムの活動

International Networks of Engaged Buddhists（INEB）の活動　今日、アジア各地でエンゲイジド・ブッディズムの活動がみられます。ただ、一口にエンゲイジド・ブッディズムといっても、それぞれの地域や社会によって多様な展開をしています。次に、現代のアジアにおけるエンゲイジド・ブッディズムの具体的な活動内容について、タイに本部があるInternational Networks of Engaged Buddhists（INEB）、インド各地で活動しているアンベードカル仏教の社会活動の事例について取り上げてみたいと思います。

INEBは一九八九年に、タイのジャーナリスト出身の社会活動家のスラク・シバラクサ（一九三三―）の呼び掛けで生まれた、エンゲイジド・ブッディズムを標榜する最も大きな組織です。INEBは、エンゲイジド・ブッディズムとして活動をする世界各地のグループの相互交流と連帯を目的に創設されたネットワークです。設立にあたっては、ティック・ナット・ハンやチベット仏教の指導者ダライラマ十四世らが名誉顧問として呼び掛け人となり、現在はタイ、ミャンマー、ラオス、マレーシア、インドネシア、インド、台湾、韓国、日本、アメリカ、カナダ、オーストラリアなど、アジアを中心に世界中に五十九の団体が加盟しています。

ＩＮＥＢの設立趣旨書にはその基本理念として次の五つのことが謳われています。

ＩＮＥＢの根本的な視座は、現代の脈絡の中で仏（「私たちにそなわっているめざめの本性」）・法（「実相の教え」）・僧（「修行者の共同体」）の三寶に帰依することの意味を明らかにすることにある。そのために、以下のことを設立の意趣とする。

1. さまざまな仏教国、仏教の宗派、社会意識を有した仏教グループの間の理解と協力を促進する。
2. 自分たちが生活している共同体や社会、あるいは世界全体が直面している、構造的で個人的な苦（the structural and personal suffering）の在処を明らかにする。
3. エンゲイジド・ブッディズムの苦の問題についての理解を明瞭にし、その問題に取り組む仏教活動家を育成する。
4. エンゲイジド・ブッディズムについての情報と資源のネットワークとしての役割を果たす。
5. 他のスピリチュアルな伝統の活動家や社会変革の組織者たちと協調し協働する。

（http://www.inebnetwork.org/ineb/concept）

ＩＮＥＢは、仏教の立場からさまざまな現代の諸問題の原因の所在を明らかにし、その解決のための活動に取り組むとともに、活動に従事する仏教徒の人材を育成するための情報と資源を提供する活動を行っています。しかも、出家・在家の違いはもちろん、仏教内のさまざまな伝統の違いを超えて連帯し、仏教以外の他の宗教の活動とも協働しています。例えば、近年大きな問題となっている、ミャンマーのロヒンギャ問題についても、地元の仏教徒だけでなくムスリムの指導たちとも協力しつつ活動しています。

ＩＮＥＢの主な活動としては、毎年アジア各地でそれぞれの地域の活動家の代表者の集まりを開き、そこでさまざまな情報交換や活動報告を行っています。また二年に一度、代表者の集まりと前後して、若者を中心とした研修と交流を行っています。集まりでは、例えば、世界中の若い活動家たちが提案した具体的な社会活動を支援するヤング・ボディサット（Young Bodhisattva）プロジェクトの成果発表や、気候変動問題、平和と和解、仏教と芸術、ジェンダーと女性のエンパワーメント、仏教徒・ムスリムフォーラムといった活動の報告と討論が行われています。同じ仏教徒といっても、東アジアの仏教徒と東南アジアあるいは南アジアの仏教徒では、それぞれが生活している社会環境や風土・文化はまったく異なります。しかしお互いの活動の経験を通して得たものには、多くの共通点があるようです。ティック・ナット・ハンが重視するマインドフルネスの具体的な姿がそこにはみられるといっていいように思います。

また、最近ＩＮＥＢが力を入れているのが、タイのバンコク郊外で実施されている高等教育プログラムです。このプログラムは、ローカルな場所で活動をしている若い仏教徒たちにエンゲイジド・ブッディズムの思想を体系的に理解してもらうと同時に、さまざまな社会的実践のための知識とスキルを身につけてもらうものです。

ＩＮＥＢはさまざまなエンゲイジド・ブッディズムのグループの緩やかな連帯組織だといってよいのですが、その精神的な支柱となっているのは創設者のスラク・シバラクサの思想です。シバラクサは一九六〇年代から、「現代仏教は、社会や人々の苦しみから目をそらし、本来あるべき姿を忘れてしまっているのではないか」と痛烈に現代の仏教の姿を批判してきました。その中で、ティック・ナット・ハンのエンゲイジド・

ブッディズムに啓発され、社会との関わりを自らに課す運動として始めた自らの活動経験をソーシャル・エンゲイジド・ブッディズム（Social Engaged Buddhism）として呼んでいます。

シバラクサは、現代世界が直面している根本的な問題として、いわば最新版の資本主義であるグローバリズムが生み出している帝国主義的な環境破壊や経済格差をあげています。そして、その解決のためには個人の意識変革に基づいた自制と、新たな集合的主体の創造が必要であると説いています。すなわちシバラクサは、「私たちがどのように生きるかにより、異なった種に水が与えられます。紛争の中にあると、怒りの種が簡単に芽を出し表に現れます。もし私たちが平和で穏やかであるなら、幸せの種が表に出てきます。」と指摘します。創造的な集合的主体がもつ可能性をシバラクサはＩＮＥＢの活動の中で実現しようとしているのです。

エンゲイジド・ブッディズムとしてのアンベードカル仏教

現代社会における紛争や暴力、さらには経済格差や貧困、差別や不正義、ポストコロニアルが残した負の遺産やグローバリゼーションのしわ寄せは、物理的な形で直接的にふるわれるだけでなく、歴史的に生み出された社会体制や経済構造の中で再生産されています。ヒンドゥー教が支配するインド社会の最下層にいるダリットの人々は因習的なカースト制の中で長年苦しんできました。

そのようななか、第二次世界大戦後イギリスの植民地支配から脱したインド共和国の新憲法起草者でもあったビームラオ・アンベードカル（一八九一―一九五六、写真2）は、カースト外の存在として虐げられ、不可触民と呼ばれ差別されてきた三十万人とも六十万人ともいわれる、同胞のマハールの人びとともに、一九五六年にヒンドゥー教から仏教に集団改宗しました。このことは、既にアンベードカルが憲法の中で謳った「カースト制の廃止」という法的な解放に続いて、不可触民と呼ばれてきた人々の精神的な解放ともいえる出来事でした。もちろん、カースト制の軛《くびき》は今日に至るまで消滅しているとはいえませんが、このことは不合理な理由で社会の周辺に追いやられ抑圧されてきた人々にとって大変意味のあることでした。そして、亡くなる直前に脱稿し、その死後に出版された『ブッダとそのダンマ』（一九五七）は、アンベードカル仏教徒たちの聖典となりました。

アンベードカルはどうして自分は仏教に改宗するのかということについて、改宗式の前に次のように語っています。

写真２　ビームラオ・アンベードカル
(Wikimedia Commons より)

> 私は何故仏教を選んだか。それは、他の宗教には見られない三つの原理が一体となって仏教にはあるからである。すなわちその三原理とは、理性（迷信や超自然を否定する知性）、慈悲、平等である。これこそ人々がより良き幸せな人生を送るために必要とするものである。神や霊魂で社会を救うことはできない。
>
> （一九五六年五月の講演）

このことから分かるように、アンベードカルは仏教に改宗することを決心した理由として、仏教が非常に合理的・

科学的な宗教であることをその理由としてあげています。また、

貧しい者たちこそが宗教を必要としている。なぜなら人生の行動の源泉である希望が、宗教によって与えられるからである。……ブッダの教えは永遠であるが、ブッダは自分の教えに柔軟性をもたせ、それを神聖・無謬なものとはしなかったし、またみずからを神格化することもなかった。仏教の基礎は理性にあり、現代人に矛盾なく受け入れられるものである。……仏教がマルクス主義よりはるかに勝り、かつ世界最強の宗教であることには疑念の余地がない。……仏教は、人類の進歩と世界の平和に不可欠な宗教である。世界を救えるのは仏教だけである。

（アンベードカル、山崎訳、一九七九）

と、仏教は人類の進歩と平和にとって不可欠な宗教であり、世界を救える唯一の宗教であるともいっています。このようなアンベードカルの仏教理解は、一面において伝統的な仏教の立場からすると違和感を覚えるかもしれません。しかし、アンベードカルは仏教を自らが置かれた状況の中で理解しようとしたということができます。それは、シバラクサが現代仏教に対する批判をとおして、本来の仏教のあるべき姿を求める姿勢とも重なるものです。そして、仏教改宗者に誇りと伝統社会の束縛から脱する勇気を与えました。その意味で、アンベードカルはエンゲイジド・ブッディズムという言葉が生まれる前に、このような仏教理解に基づいて具体的に社会的な行動をとったのですが、アジアにおけるエンゲイジド・ブッディズムの一つの先駆的な事例だということができます。

そして、アンベードカルの後を継いで、それらのダリトに人々のリーダーの一人となったのがわが国の

佐々井秀嶺《ささいしゅうれい》（一九三五―）です。佐々井の活動は、日本仏教が現代インド仏教再興に力を貸した一例として歴史に刻まれるものでしょう。

佐々井は一九六〇年に東京・八王子の高尾山薬王院《たかおさんやくおういん》（真言宗智山派）で出家し、一九六五年にタイへ留学したあとにインドへ行きます。そして、夢告によりインド中央にあるマハラシュトラ州のナグプール市に住み着きます。そこで佐々井は、実は夢に出てきた老人が、アンベードカルであったことに気付きます。

佐々井は、ダリトの人々の改宗式を行うとともに、ブッダが悟りを開いたブッダガヤの管理を仏教徒の手に取り戻す運動などを展開しました。また、一九八八年にはインド国籍を取得し、アーリア・ナーガルジュナと名乗り、ダリトの人々が住む地区に住み着いて人々の厚い信頼を得ています。

これとは別に、インドのエンゲイジド・ブッディズムの活動として注目されるのは、ナーガローカ（Nagaloka）の活動です。ナーガローカは、トリラトナという組織のメンバーでもあるイギリス人仏教者ローカミトラが設立した、ダリト子女の教育・研修機関です。トリラトナは、イギリス人のサンガロキシタ（一九二五―二〇一八）が創設した「西洋仏教友の会（Western Buddhist Fellow）」のインド支部です。ナーガローカは、インド全土からダリトの子女を受け入れ、無料で教育を受けさせています。またトリラトナは、出家の立場で活動をしている佐々井らとは異なり在家の人々がその担い手となっています。

七　むすび

エンゲイジド・ブッディズムという仏教の展開は、現代世界において仏教がどのような意味と役割を果たしうるのかということを考えようとするとき、さまざまな視点を与えてくれます。

既に述べてきたように、もともとアジアで生まれたエンゲイジド・ブッディズムは、一九八〇年代に、はじめは欧米において受け入れられさまざまなかたちでの展開を見せました。それを欧米における新たな仏教運動だとする主張も生まれました。その一方であくまで仏教の根本的な教えや価値にその運動の根拠を求めそれを理論化しようとする立場も生まれました。そして、一九九〇年代以降になると日本でも紹介されるようになり、それまでの日本における仏教系のＮＰＯなどに影響を与えました。特に、エンゲイジド・ブッディズムが共通してもっていた宗派を超えた連帯と草の根の活動は、それまで宗派単位で活動を続けていた日本仏教の社会活動に影響を与えることになりました。ただその広がりはまだ大きなものとはなっていません。

その目を日本の外に向けると、アジアだけでなく欧米のエンゲイジド・ブッディズムの活動をしているグループは、お互いに情報を共有し、それぞれの立場を認めながら、緩やかなネットワークを形成しています。仏教の社会活動といっても、それぞれの地域において仏教徒として取り組む必要のある問題は実にさまざまです。貧困や紛争の問題、環境破壊の問題、ロヒンギャ問題のような民族問題、さらにはイスラーム諸国における少数派としての仏教徒子女の教育問題など、日常的な問題から世界規模での問題まで、それぞれの地域で直面している問題に対する具体的な取組みについて、お互いに情報を交換し連帯しています。日本仏教を含めたこれからの仏教の一つの未来がそこには示されているのではないでしょうか。

（嵩　満也）

参考文献

アンベードカル著、山崎元一訳「ブッダと彼の宗教の将来」『インド社会と新仏教――アンベードカルの人と思想』刀水書房、一九七九年

アンベードカル著、山際素雄訳『ブッダとそのダンマ』光文社、二〇〇四年

ジョアナ・メーシー著、靍田栄作ほか訳『サルボダヤ――仏法と開発』明石書店、一九八四年

阿満利麿『社会をつくる仏教』人文書院、二〇〇三年

阿満利麿『行動する仏教』筑摩書房、二〇一一年a

阿満利麿「エンゲイジド・ブッディズム」京都宗教系大学院連合『京都宗教論叢』第7号、二〇一一年b

嵩満也編著『変貌と伝統の現代インド――アンベードカルと再定義されるダルマ』法藏館、二〇一八

Keown, Damien, *Dictionary of Buddhism* Oxford: Oxford University Press, 2003.

Hanh ,Thick Nhat, *Vietnam: Lotus in a Sea of Fire*. New York: Hill and Wan, 1967.

Hanh ,Thick Nhat, *Being Peace*, Berkeley: Parallax Press, 1987a.

Hanh ,Thick Nhat, *Inter Being: Commentaries on the Tiep-Hein Precepts*. Berkeley: Parallax Press, 1987b.

King, Sallie B., *Socially Engaged Buddhism*. Honolulu University of Hawaii Press, 2009.

Sivarakusa, Sluk, *Seeds of Peace : A Buddhist Vision for Renewing Society*. Berkeley:Parallax Press 1992.

コラム

ベンガルの仏教徒たち―イスラームとヒンドゥーのはざまで―

現在のバングラデシュとインド・西ベンガル州を合わせた地域一帯をベンガルと呼びます。稲作を中心に豊かな農産物に恵まれ、英国植民地時代には統治と貿易の拠点として繁栄し、「黄金のベンガル」と讃えられました。一九四七年、英領インドのうちのイスラーム地域が東西両パキスタンとして分離独立し、その後七一年にベンガル語を公用語とする東パキスタンが独立してバングラデシュとなりました。緑地に深紅の太陽を描いた国旗は日の丸がモデルといわれ、親日的な国として知られます。人口一億六千万人、首都ダッカ千二百万人、いずれも世界で最も稠密です。国土面積十四万七千平方キロメートル（日本の五分の二）、その大部分はガンジス（ポッダ／パドマ）とブラフマプトラ（ジョムナ）両大河河口のデルタ地帯で、多数の河川と延長数千キロメートルにおよぶ水路が流れる広大な平原ですが、東部・東南部には山岳地帯が広がります。ベンガル語を話すベンガル人が総人口の九八パーセントを占め、ほかに固有の言語を持つ多様な少数民族が東南部のチッタゴン山岳地帯を中心に存在し、その多くが仏教徒です。宗教別人口をみると、イスラーム教徒八九・七パーセント、ヒンドゥー教徒九・二パーセント、仏教徒〇・七パーセント、キリスト教徒〇・三パーセントとなっています。イスラーム教（スンニ派）が国教ですが、政府はセキュラリズム（政教分離）

を原則とし、イード（ラマダン明けの祝祭）、ドゥルガー・プージャー、仏誕祭、クリスマスなど各宗教の祭日を国の祝日に定めています。

◆バングラデシュの歴史と仏教

ベンガルは古代にはインド文明の辺境で、インド諸王朝の属領でした。アショーカ王時代（前三世紀）に遡る碑文が国内に残り、西インドのサーンチー遺跡碑文（前二世紀）や南インドのナーガールジュナコンダ遺跡碑文（二世紀）は、当時ベンガルで仏教が栄えていたことを伝えています。グプタ朝期には、法顕（四世紀後半～五世紀初頭）が多摩梨帝国（タームラリプティ＝現・西ベンガル州コルカタ市西南の海港タムルーク）に二年間滞在の後、獅子国（スリランカ）に渡ったと、『佛国記』に記しています。続くヴァルダナ朝時代には玄奘（六〇二―六六四）が奔那伐彈那国（プンドラヴァルダナ）およびその東方の三摩呾吒国（サマタタ）を訪れ、『大唐西域記』に記録を残しています。前者は首都ダッカ北西のモーハスタン遺跡を中心とする一帯、後者はダッカの東方・南方にあたり、大規模な仏教遺跡モエナマティが残ります。

　次いで興ったパーラ朝は、西のビハールまで支配する強大な仏教王国でした。インドにおいて既に仏教は衰退の道を辿っていたものの、パーラ王国内には玄奘も学んだナーランダーや、ヴィクラマシーラなどの大僧院が威容を誇り、ベンガルにもソーマプラ大僧院などが建立されました。パーラ朝が倒れヒンドゥー王朝のセーナ朝がこれに代わると仏教は衰亡し、ヒンドゥー教に同化吸収されると共にバウルやサハジャといった混淆的民衆信仰へと変容しました。さらにイスラーム時代に入ると、僧院の破壊や改宗により、十三世紀初めに仏教はベンガルの大地からほぼ姿を消しましたが、南東部チッタゴン地方には相当数の仏教徒が存在していました。これは、同地方が十五世紀半ば以降長らく、現ミャンマー北部のラカイン州を本拠地とする仏教王国アラカンの版図内にあったことにもよります。しかし、その実態は、ヒンドゥー教の神々を祀り、土着習俗を取り込み、動物供犠を伴い、イスラーム聖者を崇拝するといった、極めて混淆的な信仰でした。

十五世紀末にはヨーロッパの貿易商人がインドを訪れはじめ、十八世紀末にはほぼインド全土が英国東インド会社により植民地化されました。この時期にアラカン王国がビルマとの戦争に敗れたため、多数のアラカン人がチッタゴンへ逃れました。アラカンの支配権をめぐって起こったイギリス・ビルマ戦争を経て、イギリスは一八二六年にアラカンを併合し、ベンガル・アラカン・ビルマ全域を支配下に収めました。この結果、域内の交通が容易になったためビルマ上座仏教の影響が直接チッタゴンに及ぶこととなり、そこに避難・定住していたアラカン人が同じく上座仏教徒だったことも相まって、同地方における仏教の復興と改革を促すこととなりました。

一八五六年、チッタゴンのバルア族（後述）仏教徒の招請に応じて、アラカン国の宗主（サンガラージャ）サーラメーダ長老が初めてチッタゴンに入り、二年にわたり駐錫しました。その間に長老は、同地の仏教徒僧俗に旧来の陋習を改めさせることに努めました。また、同山岳地帯を支配するチャクマ族王家を改宗させましたが、これはチャクマ族にとどまらず同地の仏教徒全体に大きな影響を与えました。六四年、長老は授戒に必要な数の比丘を伴って再度来錫し、長老の下で改めて受戒したバルア族の比丘たちは、新たにサンガラージャ・ニカーヤ（宗主派）を形成しました。一方、この再授戒に加わらなかった比丘たちからなる旧来の僧団は、マハースタヴィラ・ニカーヤ（大長老派）と呼ばれました。以来この二宗派が同国仏教徒の中核をなしています。

◆バングラデシュ仏教の現在

多民族国家のバングラデシュでは、宗教は民族と密接に関係しています。同国仏教徒の三分の一を占めるのはバルア族で、大半がバルアを姓とするベンガル人です。古代インドのマガダ国から移住したという伝承を持ちますが、実際には上記の通り長らくチッタゴン地方に居住していました。残りの三分の二はチッタゴン山岳地帯に居住し主に焼畑農業を営んできた、ジュマと総称される多様な少数民族に含まれます。いずれもチベット＝ビルマ語族に属するチャクマ族・マルマ族・ラカイン族・タンチェンガ族などに代表されます。

チャクマ族も往古にインドのチャンパー国から移住したという伝承を持ちますが、史実としてはビルマ中北部シャン州付近を故地とする人々が十五世紀初頭にアラカン地方に移動し、さらに北上して十七世紀初頭にチッタゴン山岳地帯に定着したものです。ラカイン族、マルマ族はいずれもアラカン王国からの移民です。いずれにせよ、ベンガル仏教徒の本拠地はチッタゴン周辺ですが、現在では首都ダッカにも多く居住しています。また、隣接するインド・西ベンガル州にも早くから相当数のベンガル仏教徒（主としてバルア族）が移住、定着しています。

前述した歴史的経緯から、ベンガルの仏教はすべて上座仏教ですが、複数の宗派があり、概ね民族ごとに所属する宗派が決まっています。バルア仏教徒は主としてチッタゴン平野部とダッカ周辺に居住し、上記のようにサンガラージャ派とマハースタヴィラ派の二派があります。サ派の比丘・沙弥の総数は約六三〇名、マ派はほぼその半数で、併せて一千名程度の規模です。前者が保守的で戒律に対して厳格、後者は改革的で寛容とされますが、教義・実践に本質的な相違はありません。

マルマ仏教徒とラカイン仏教徒は主にチッタゴン山岳地帯に居住し、スダンマ派、サンガ派（マルマ族のみ）、ドワーラ派があります。これらの宗派の比丘・沙弥を合計すると一千三百名を超えます。チャクマ仏教徒も主に同山岳地帯に居住し、幾つかの小規模なグループがあります。指導的な立場にあるサーダナーナンダ長老、通称ヴァナ・バンテー（森の大徳）は、九〇歳を越える高齢ながら、現代の生ける阿羅漢としてバルア・チャクマ両仏教徒から崇敬されています。

寺院数は、チッタゴン地域の約四百か寺、同山岳地帯三県の約七百か寺を主体に、全国で総数千二百か寺程度と推定されます。龍谷大学南アジア研究センター（ＲＩＮＤＡＳ）の事業の一環として、ダッカ大学および同国仏教関係者の協力のもとに、*Directory of Buddhist Monasteries in Bangladesh*（『バングラデシュ寺院総覧』）を二〇一九年春に刊行しましたが、実地調査で確認して同書に収録できた寺院数は、なお上記総数の三分の一程度にとどまっています。

上座仏教の戒律に従った出家者の生活は、ほかの南方仏教諸国のそれと大差ありません。ただし、どの僧院もイスラム社会の只中にあるため、托鉢は行われないのが通例です。例外的に、山岳地帯では托鉢が行われ、また山中で厳格な頭陀行を実践する林住比丘（アランニャビク）もみられます。

出家と在家の接点として興味深いのは、広範にみられるシーヴァリ尊者（仏弟子の一人で、常に多くの人々から豊かな供養を受けたため福徳第一と称される）に対する信仰です。元来はヒンドゥー教のラクシュミー女神（吉祥天）に対する供養の代替として開始されたらしく、現世的利益を求める在家信者の要望に応えつつヒンドゥー儀礼を排除するために奨励されたようです。

◆近年の動き

一九九〇年代以降、北西部に居住するオラオン族などの先住民（アーディヴァーシー）の間で仏教改宗が進んでいます。かつては長年アニミスティックな土着信仰と混淆したヒンドゥー教徒でしたが、その尊崇する神格をブッダと呼び習わしていて、遠い過去に仏教徒であった記憶を伝えるものと推測されます。われわれが二〇〇九年よりダッカ大学の協力を得て同地域の改宗仏教徒を調査した結果、東南部のサ、マ両派寺院から派遣された比丘たちが複数の寺院を建設して熱心な教化活動を続けており、地元の先住民出身の比丘や沙弥も生まれていることが判明しました。

最近の同国仏教界で特に注目されるのは女性たちの進出です。その中心となったのは、チッタゴン出身のラヌ・バルアです。敬虔なバルア仏教徒家庭に生まれた彼女は、幼少時から瞑想に親しみ、長じて各地で瞑想指導を行っていましたが、二〇〇八年に仏陀成道の聖地ブッダガヤーに巡礼した際に沙弥尼の受戒儀式を見たのを契機として、自身も尼僧となる希望を抱きました。一一年五月、念願が適い、ラヌは同志四人と共に、ブッダガヤー大菩提会（マハーボーディソサエティ）副会長のサ派高僧バラサンボーディ長老を授戒師として、沙弥尼ゴータミーとなりました。

帰国した彼女ら五人は沙弥尼教団を結成し、チッタゴンに三か所の尼僧院を設立しました。一三年にはサ派の僧院を受戒式場（結界）として新たに二十人の女性が沙弥尼戒を受けるはずでしたが、保守的な同派が一転して強硬に反対したため、余儀なく別の場所で受戒式を行い、最終的に十六人が沙弥尼となりました。一方、改革的なマ派は当初から理解を示し、積極的に支援しています。

一八年一月、ゴータミーほか五人の沙弥尼はスリランカに赴き、首都コロンボの世界仏教女性連盟の支援を得て、同市内の寺院で正式な比丘尼戒を受けました。授戒師はスリランカのスミター長老尼が務め、タイとヴェトナムの長老尼も立ち会いました。ここに、ベンガル仏教史上最初の比丘尼僧伽が誕生したのです。

帰国した彼女らは法要儀礼や布教伝道といった尼僧としての本来の活動のみならず、貧困者支援などの社会事業にも精力的に取り組んでおり、今後が期待されます。

（若原雄昭）

第七章　日本仏教の社会性・公益性

一　社会課題に取り組む仏教者―仏教社会事業に注目して―

仏教者の取組み

仏教者が古代より社会との深い関係をもってきたことはよく知られています。例えば、「四箇院」を建設したと伝えられる聖徳太子《しょうとくたいし》（五七四―六二二）、灌漑事業をはじめ無料宿泊所（布施屋）などを広範な地域で展開した行基《ぎょうき》（六六八―七四九）、鎌倉時代にハンセン病患者の救済活動に尽力した忍性《にんしょう》（一二一七―一三〇三）などは、近代社会以前に仏教が社会的な事業に関わった代表的な例です。仏教社会事業研究者である浅野研真は、聖徳太子を「日本社会事業の父」、行基を「社会事業家」として捉えています（浅野、一九三四）。さらに浅野は、最澄や空海、叡尊なども「社会事業家」として取り上げ、「云はゆる社会事業なるものは、原始時代の人類集団から最近のソヴェート同盟の如き社会組織に至るまで、必ず何らかの形態に於いて存続し来り、現存しつつものである」とし、より正確には「慈善救済事業と呼ばれるべきものである」が、「仏教の慈悲行は、必然的に社会事業を生み出さずにはおかなかった」（浅野、一九三四）と述べています。

古代より、仏教者がその動機はどうであれ、目の前に解決すべき事象を目にしたとき、やむにやまれず行動を起こし、その解決に向けて動いたということは確かな事実です。それは、宗教的な信仰心と深く関わっていました。

さて、厳密な意味で「仏教社会事業」として捉えられるのは、明治以降、近代社会に入ってからのことです。資本主義化が急速に進むとともに、誰の目から見ても自己責任に帰すことのできない生活困窮の問題が広がりました。それに対して、明治政府は、明治七年（一八七四）「恤救規則《じゅっきゅうきそく》」を制定し、生活困窮者を救済する制度を創設します。これが、近代日本における初めての公的救済立法です。しかし、当時は、公的救済は惰民を養成するものという考え方が支配的であり、その根底には、貧困についてはまず自分や家族・親戚が責任をもって対応すべきであるという自己責任論が根強く横たわっていました。したがって、公的救済の範囲は極めて限定的で、貧困者が増大するにつれ、「恤救規則」は機能不全に陥ることになりますが、制定以来五十年間にわたって存在し続けたのです。公的救済がまったく機能しない中で、民衆の側にたち救済活動を展開したのは篤志家およびキリスト教や仏教などの宗教的信仰をもつ人々でした。

例えば、キリスト教徒の代表的な取組みとしては、岩永マキらの浦上養育院（一八七四）、基督教婦人矯風会の設立（一八八六）、石井十次の岡山孤児院（一八八七）、日本救世軍の創立（一八九五）などがあげられます（日本キリスト教社会福祉学会編、二〇一四）。また、仏教者の活動としては、明治初期からの囚徒教誨開始、寺院内での療病院の建設などに始まり、一八八〇年以降には、救らい事業、貧困児童のための育児院開設などにも着手します（清水、二〇〇二）。明治二十年（一八八七）には、大津婦人慈善会が結成され、会の事業として「授産場・慈恵病院・貧民学校の設置」を掲げました（千葉編、一九八二）。大津婦人慈善会は、真宗信仰に基づいて慈善事業を行うことを目的とした団体の代表的なものです。明治二十四年（一八九一）の濃尾大地震を契機に、自然災害の際には、その土地の仏教婦人会が積極的に救済・支援活動にあたっていきます（千葉編、一九八二）。

前述したように、公的救済が極めて限られている中で、こうした活動はなくてはならない活動といえ、ある意味では先駆的・開拓的であり、公的救済を代替する活動でした。キリスト教もまた、民衆の生活に深くかかわり、積極的な救済活動を展開していくのが明治後半期です。それにも刺激を受けた仏教者たち、とりわけ浄土真宗本願寺派では、明治三十一年（一八九八）、宗派として慈善事業に取り組むことを決意、「大日本仏教慈善会財団」（理事長は赤松連城《あかまつれんじょう》）を設立し、全国から寄附を集めました。財団は育児院・感化院などを直営したほか、罹災者に対する義援金の募集、各地域の施設などに補助金を交付するなどの活動に取り組みました。教団自らの積極的な取組みは各地に大きな影響を与え、一九〇〇年代には、実に多くの施療施設や孤児・貧児への事業がみられます（本願寺史料研究所編、二〇一九）。浄土宗の渡辺海旭《わたなべかいぎょく》（一八七二―一九三三）は、「仏教徒社会事業研究会」（一九一二年）を主宰し、「社会事業」という言葉を公の場で初めて用い、個人的救済ではなく社会的救済が必要であることや救貧ではなく防貧の重要性を説きました（大橋、一九九四）。赤松や渡辺などの優れた指導者だけでなく、各地域では、困難にあえぐ人々を目の当たりにして、何かを成すべきと立ち上がった多くの仏教者がいました。それは、宗派を超えて「福田会」や「慈善会」などの団体設立にも至り、仏教社会事業の組織化が進むことにつながったのです。

個別事例は枚挙にいとまがありませんが、総じていえることは、近代社会以降、公的救済の手の届かない貧困問題や病気、災害などによる生活問題に対して、仏教者が社会的・組織的に取り組んでいったということです。これらの諸活動は、もちろん自宗擁護や伝道強化という側面もありますが、仏教者としての信仰に基づいた強い宗教的動機、すなわち主体的・内発的な動機があったことは否定できません。

このことは、戦後まもない北海道で仏教、とりわけ浄土真宗と社会事業の関係を強く世に問うた一人の人物の中にみることができます。

戦後における仏教社会事業―菊地達男《きくちたつお》の登場

北海道帯広市に「真宗協会」という社会福祉法人があります。設立に尽力したのが菊地達男（一九〇六―一九六四）、創業は昭和二十三年（一九四八）、戦後の混乱期のことです。

戦後はいうまでもなく国中が混乱し、わけても国民の生活は悲惨を極めました。一刻も早く経済の立て直しをはかり、国民生活の正常化と安定をはかることが求められたことはいうまでもありません。当時のGHQの占領政策は日本社会事業の展開に大きな影響を与えました。GHQは、日本が再び戦争国家にならないよう、社会事業でも非軍事化と民主化を進めたのです。昭和二十一年（一九四六）二月、GHQは日本政府に対し、「社会救済の三原則」（無差別平等の原則、公的責任の原則、最低生活保障の原則）という指令を出します。また、十一月には生存権保障を明文化した二十五条を含む日本国憲法が公布されました。その後の社会事業は、憲法二十五条を出発点として展開し、次々と「福祉」と名の付く法律が出され、公的責任のもとでの社会福祉事業が制度化されていきます。しかし、分野ごとの縦割りの法制度であったため、そこから漏れた問題への対応は後回しになっていきました。また、医療保障制度も整っていないなか、医療と社会事業の狭間にある問題も大きな問題でした。その一つが結核患者の療養問題です。自身も結核患者であり、さらには結核対策である国立療養所に勤務していたのが菊地でした。菊地は、結核患者だけでなく、広い視野から、社会事業の課題として国民の生活問題を捉えていきます（社会福祉法人真宗協会編、二〇一八）。

菊地達男と仏教社会事業――「我れいかになすべきか」

菊地は、戦後すぐに、浄土真宗こそが社会事業に力を入れるべきであると、力強く主張しました。それを昭和二十二年（一九四七）に「浄土真宗の社会事業への進出」と題する手紙にしたため、「若し、お前にもできるかも知れないからやってみろ、とのご意見でご座居いましたら、さらに具体的な案を練りまして、皆さまのご支援を力に、終生の仕事として、この仕事に当りたいと存じております次第です」と添え書きをし、十勝在住の浄土真宗寺院や経済人を訪ねたのです（社会福祉法人真宗協会編、二〇一八）。ここから、菊地の「壮大な計画」が始まり、それは瞬く間に現実の社会事業となって展開されていきました。

菊地は手紙の中で、「真の日本の復興」は、「精神の復興」こそが重要と述べ、「重大な役割を果たさなければならないものは宗教であり、特に浄土真宗のもつべき責務には大きいものがある」（社会福祉法人真宗協会編、二〇一八）と指摘します。さらに、「（浄土真宗の）教義の根本たる、信の一念に於て正定聚不退転《しょうじょうしゅふたいてん》の位に入る。しかもそれは法徳として『諸仏平等』であり、『便同弥勒《べんどうみろく》』の位であると価値づけられている徹底した平等観、それは今後の日本が切実に望むところであり、また祖聖親鸞御在世当時の同朋教団の在り方こそ、ほんとうの浄土真宗の教団の姿であって、これからの平和日本の在り方を示唆するものとして意義深いものがある」と述べます。しかし、世の人々は、このような浄土真宗の素晴らしさ、真の姿というものを知らない、それは、浄土真宗が実社会から「浮かび上がっているから」だと批判します。そして、「私共は現代の事実に直面して、『我れいかになすべきか』を真剣に思考しなくてはならない」と説き、この方向性を社会事業に求めました。すなわち、「私はここに一つの案を提唱したい……それは浄土真宗の外郭運動の一つとして、社会事業をもつことであります。勿論それは浄土真宗的なものであって差し支えありません。（中略）今こそ、浄土真宗が真の姿を顕現して、社会救済に、日本の再建に立上がらなければならないときであると信じます」と訴えました。

こうして菊地はこの手紙を発表した翌年の昭和二十三年（一九四八）二月、「社団法人真宗社会事業協会」設立の計画案を作成、四月には第一回設立発起人会開催、六月には北海道知事より設立認可が下されることになりました。手紙からわずか一年足らずのうちに、精力的に計画を推進したのです。発起人十六人のうち、十人が寺院住職でした。その後、昭和二十七年（一九五二）に社会福祉法人として組織替えをし、菊地が理事長となります。そして、「病院事業」「高齢者事業」「障害者支援事業」を三本柱に事業をますます拡大していくのです。現在は、帯広市に八か所の事業所、およそ五百人が従事する社会福祉法人として、地域の人にはなくてはならない存在となっています。

菊地が浄土真宗への深い信仰心をもっていたことは、『悲願』（社会福祉法人真宗福祉事業協会機関誌）への寄稿からも読み取れます。『悲願』十二号（昭和二十三年）の「在家真宗の確立」と題する文章は、そのことをよく示すものです。菊地がなぜ浄土真宗に強く惹かれたのか、浄土真宗と社会事業をどう結びつけたかについては、まだ明らかではありませんが、一人の仏教徒が強い信仰心に突き動かされ、北の大地の社会事業を開拓したことは大きな財産となって、いまに生きています。

（長上深雪）

二　アジアの宗教者による自死対策とその課題

日本における自死に関する活動　日本では二十一世紀初頭より、社会的に自殺に対する関心が高まってきました。僧侶の自殺に対する取組みもこうした社会的雰囲気と同時期にひろがってきています。アジアに目を向けても、社会的な課題として自殺が注目されることを受けて、僧侶の取組みが行われているようです。ここでは、こうした背景を前提としつつ、近年の日本とアジアにおける仏教者の自殺に関する具体的な取組みについて紹介します。

(1)　僧侶の多様な活動

活動の嚆矢は、一九九五年、曹洞宗の篠原鋭一が設立した「自殺防止ネットワーク 風」です。多くの僧侶が個別の電話番号を公開して自殺志願者からの相談を受けています。二〇〇〇年には、当時、十一年連続自殺率が全国で最も高かった秋田を何とかしようと、曹洞宗の袴田俊英が自殺予防に取り組む団体「心といのちを考える会」を設立し、悩みを気軽に話せるコーヒーサロン「よってたもれ」を開設しました。僧侶が地域や行政と連携した先進的な取組みです。さらに個人の活動はさまざまありますが、二〇〇四年より始められた臨済宗の根本一徹のインターネットや電話での自殺防止活動は大きく注目を集め、二〇一七年に『The Departure』として映画化されました。

二〇〇七年には、本願寺派の藤沢克己と賛同する超宗派の僧侶たちにより、東京に「自殺対策に取り組む僧侶の会」（現、自死・自殺に向き合う僧侶の会）が設立されました。活動内容は、自死者追悼法要、自死遺族の分かち合いのつどい、手紙相談、啓発活動などです。現在では東海、関西、広島、九州に同趣旨の会が設立されています。

また二〇一〇年には、本願寺派僧侶と市民により「京都自死・自殺相談センター」が設立されました（ちなみに、筆者と野呂靖は当センターの設立メンバー）。活動内容は、電話相談、メール相談、居場所づくりなどです。現在、東北と広島に活動がひろがっています。

(2)　教団の活動

自殺者十年連続三万人超えという報道が盛んにされた二〇〇七年ごろより、本願寺派、孝道教団、曹洞宗、浄土宗などにおいて、自殺に関する研究会やシンポジウムなどが開催され、これらの蓄積をもとにブックレットやリーフレットの配布、僧侶を対象とする研修会などが活発に行われるようになります。また、各宗派に附置される研究所の交流の場である「教団附置研究所懇話会」に、二〇一〇年、「自死問題研究部会」が宗派を超えた自殺に関する情報交換の場として設置され、自殺に関する取組みが活性化しました。

(3)　国際的な取組み

二〇一七年、横浜と京都で、本願寺派、孝道教団、ＪＮＥＢ、龍谷大学が中心となって、十一か国（日本、韓国、タイ、スリランカ、台湾、中国、香港、インド、ブータン、アメリカ、スウェーデン）の僧侶が参加する「仏教と自死に関する国際シンポジウム」が一週間にわたって開催されました。現在、これがきっかけとなり、孝道教団、本願寺派、浄土宗、曹洞宗、JNEB、龍谷大学および海外の実践者を交えて「仏教と自死」に関する継続的な対話が定期的にオンラインで行われています。また、二〇一九年三月、対人支援に従事する各国の僧侶が集まり、タイにおいて研修会が開催され、互いの見識を披露しあい対話しました。

アジア各国における自死に関する活動

ここでは、これまでの国際交流で得た情報をもとに、アジア各国の事例を紹介します。

(1)　韓国：リー・P・S師（曹渓宗仏教カウンセリング研究所代表）

韓国では、国際的な経済危機の影響を受け一九九七年に自殺率が急上昇したことを契機に、自殺対策の取組みが始まります。曹渓宗では、いのちを救うネットワークが作られました。

当研究所では、一九九〇年、自殺の電話相談「ジャビィ」（韓国語で「慈悲」の意）を開設しました。五回線あり、これまで九万件の相談を受けています。ボランティア養成に、瞑想、ヨガ、サマディ、サマタ瞑想を活用、方法論、発達心理学、自殺対策の理論やスキル、社会的な支援についても総合的に学びます。グループセラピーでは、僧侶がグループリーダーをつとめることも多く、寺院に宿泊をして、数日間のプログラムを行うこともあります。

また、キリスト教の団体とイベントもしており、大統領府の前でデモを行い、自殺の問題を政府が重要視する百の案件の中に入れることを訴える活動もしています。

（2）香港：天文師（慈山寺カウンセリングセンター）

人口二百七十万人中、百七十万人が心の病を抱えています。そのうち、六十四万人が中度、二十万人が重度だといわれています。ここ数年で十八歳以下の若い人たちの中でうつ病が三十三パーセント増えたという報告もあります。

当センターは、二〇一五年の慈山寺開山と同時に開設。香港初の霊的なカウンセリングセンターです。二〇一五〜二〇一六年の一年間で五百四十六件の電話相談があり、主な訴えは、ストレス、精神疾患、社会福祉サービス、死別などです。八割が女性、年齢は二十、三十代が多く、SW（ソーシャルワーカー）十人ほどで対応しています。

医療従事者やSWの研修に、仏教的な視点を取り入れています。智慧と慈悲、すべての者は平等であり仏性がある、つながりあっている存在で縁起の世界を生きているといった視点です。SWは基本的に西欧式のプログラムを提供し、僧侶は仏教的な視点でカウンセリングをします。それぞれ補完しあっている関係で、相手の状況をみながらアプローチの方法を変えています。相談者に仏教的な視点をもってもらうことは重要で、日常の視点を変えることができるのです。

（3）タイ：チョウシタ・パワスティパイシ師（ラジャナガリンドラ研究所）

タイでは十五〜三十五歳の自殺者が多いのが特徴です。十代の悩みは、家庭内暴力、うつ病、インターネット中毒、友人関係などです。苦しみ悲しみの受け止め方、不安や怒りの感情が大きな課題です。感情の受け止め方の理解のために漫画を活用して、思考パターンの変化を促しています。

仏教の視点を取り入れて、苦しみ悲しみを自分から離し、中立的な立場にたってもらいます。考えと現実を区別して、自分のこころの中の認知を変化させるのです。自己否定が強まり、自分はダメだと思いこんでしまうときには、自分自身に慈悲の思いを注ぐ必要があります。マインドフルネスを日常に取り入れると、嬉しさ、解放感、悲しさなど、ときどきの感情がわきおこることが実感できます。その感情を見つめることが重要なのです。自分の中に潜んでいる誤解や思考のスパイラルを見つめ直し、いかに改善していくのかを一緒に考えるのです。

(4)　インド：ナタシア・ナイルグプタ師（インテグレーティブ心理学者）

インドでは若年層の自殺率が高く精神病者も急増しています。うつ病の患者は五千万人程度だと報告されていますが、病院に行けない貧困層も多いので、実際はもっと多いと思われます。治療の必要な八割の方に医療が提供されていないのです。精神疾患への偏見が強く受診しづらい、専門的な医療者不足、うつ病への無理解、病院が大都市にしかなく費用も高いなどの課題があります。精神科医はほとんど欧米式ですが、近年は東洋的な視点も注目され、トランスパーソナルなどの研究が進んでいます。

インドでは宗教者が尊敬されており、宗教者が精神疾患の問題に関わると、多くの人が関心を抱いてくれます。寺院を利用することによって、地方でも診療ができ、費用も安くできます。そこで、僧侶のための研修施設を開設しました。仏教は心情や意識に対して深い知見をもっているので、それを精神疾患の文脈に当てはめるトレーニングを行います。仏教のメソッドは精神疾患の患者にも有用です。精神疾患を抱える方々は空虚、罪悪感、自己否定などの複雑な心情を抱えています。仏教的な価値観を伝え、その痛みを一緒に味わうことにより、意識の改革を促します。

(5)　台湾：釋慧開師（佛光山、南華大学学術副校長、佛光大学佛教学院院長）

台湾では、若年層の自殺率が高く社会の大きな問題になり、政府主導で教育機関に自殺対策の指導がなされています。南華大学では、仏教による生涯教育を大切にしています。マインドフルネスの講座は大学一年生の必須講義で、ストレス発散の方法を学びます。自殺予防は、カウンセリングセンターを中心に段階的な取組みを行っています。精神疾患への知識をつけ偏見をなくす、自殺予防のゲートキーパー講座、メンターを育てる、問題解決する力を養うことなどを学べます。

危機的状況への対応として、自殺念慮を抱く学生のリスク評価を行い、病院とも連携しています。一般にも開かれた電話相談もしています。自殺が起こると、メディア、家族、学生への対応など、広く支援する制度を整えています。また、飛び降りを防ぐ策やネットをつけて、自殺できる環境を減らすようにしています。

こうしたサービスのほかに、自己内省のために、人生を振り返り感謝の思いを抱くＷＳ（ワークショップ）、呼吸法の実践、生命の意味の教育により、命のあり様に気付く機会を提供しています。しかし、自殺対策を多角的に行っていてもゼロになることはありません。

(6)　スリランカ：ボーダナンダ師（ミトル・ミツロ運動、青少年リハビリセンター創立者）

スリランカは自殺率が世界で四番目に高いが、その理由は内戦にあります。自殺者は増え、未遂者は想像もできないほどに多いのです。捕虜になることを嫌い、自らいのちを断ちます。苦悩の逃げ道として自殺するのです。自殺する方法として、スリランカでは農薬が一般的です。また、新しい問題としてSNSでの関係がもつれ自殺する事例が、就学している十代の学生に増えています。

人生のセカンドチャンスを作りたいとの想いで、当センターを設立しました。仏教によるリハビリ施設で、スタッフは元薬物中毒患者です。薬物中毒者は自殺率が高いので、ここで安心できる環境を整え、薬物中毒を克服できれば自殺予防にもつながります。

仏教は普遍的な哲学を有し、宇宙のはたらきのすべてを発見しました。四聖諦、縁起、八正道は日常生活の中でも取り入れるべき方法です。人生には苦難をもたらす障害が多くありますが、特に感情の影響は顕著です。宇宙のあらゆるネガティブな要因は感情に起因します。この感情をコントロールする術をもたないといけません。仏教を学び、シンプルな生活を行い、心の内側に目をむけ、心を浄化するのです。プログラムでは、心を開くことを促します。自分の問題を周りと共有し、その中で他者との違いを認識します。感情との向き合い方、感情をコントロールする方法を仏教に基づいて学ぶことを大切にしています。

以上のように、同じ仏教でも実に多様な方法によって自殺への対応がなされています。国を越え、信仰を越えて、相互の対話が促進されることで、より良い方途を見出すきっかけになるのではないかと期待しています。

お互いの違いを尊重することができれば、お互いに良い影響を及ぼしあい、居心地の良い関係が生じます。自殺の苦悩を抱える人との関わりにおいても同様のことがいえます。相手と自分自身との違いを積極的に受け入れ、その違いを尊重することがまずは大切です。相手を自分勝手に理解するのでなく、どこまでもすべては分かり得ない他者であるという前提で、それでも分からないからこそ分かりたいと相手に温かな思いを向ける事こそが、自殺の苦悩を少しでも和らげる関係性へとつながるのだと強く実感しています。

（竹本了悟）

三　自死をどのような死と捉えるか？――現代仏教者による自死対策と教義理解――

二〇一八年の自殺者は二万五百九十八人となり（厚生労働省）、一九九八年以降、三万人を超えていた状況からこの二十年間で最も減少しました。しかし依然として高い水準で推移しており、日本社会における大きな課題となっています。近年、こうした自死問題に対し、多くの宗教者が積極的に関わり、自死対策の重要な役割を担い始めています。本節ではそうした宗教者・仏教者の活動と教義上の自死理解との関わりについて、近年の研究動向を踏まえつつ紹介しましょう。

自死をどのような死と捉えるか

二〇一四年、WHO（世界保健機関）より『自殺を予防する――世界の優先課題（*Preventing suicide. A global imperative*）』と題された世界の自死の現状に関するレポートが発行されました。日本語版では九十五ページにもわたる極めて詳細なもので、世界的な調査に基づくWHOのレポートとしては初めての取組みとなっています。

本書には注目すべきデータと提言が多く盛り込まれていますが、例えば「二〇一二年一年間に自ら命を絶った方の数が推計八十万四千人にのぼり、平均四十秒に一人の方が亡くなっている」という報告は大変衝撃的です。またレポートは若者の自死についても報告しています。日本の若年層の死因第一位が自死であることはよく知られていますが、世界的にみても若い世代（十五〜二十九歳）の死因の二番目であり、早急な支援の必要性が指摘されています。まさに自死問題は国際的な課題であることをこのレポートは示しています。

しかしそれだけではありません。本レポートには、もう一つ極めて重要な指摘がなされています。

自殺とその予防についての研究や知識が増えているのにもかかわらず、自殺にまつわるタブーとスティグマは根強く、人々は援助を求めることなく、しばしば取り残されています。

（WHO『自殺を予防する―世界の優先課題』日本語版、一一頁）

自殺についてのスティグマが広がっているため自殺を考えている人々の多くは誰に話したらよいかわからない。包み隠さず話すことは、自殺を考えている人に自殺関連行動を促すよりはむしろ、他の選択肢や、決断を考え直す時間を与え、自殺を予防する。

（同、一一頁）

自死という死のあり方をめぐるタブーとスティグマ、すなわち自死をめぐる偏見の解決の重要性を強く訴えているのです。自死をどのような死として理解するのかといった議論は一見、哲学的・宗教的な問いであり、現実の自死問題の解決には結びつかないと思われがちです。しかし果たしてそうでしょうか。

近年の研究では自死のタブー視によって援助希求を阻害されたり、支援に結びつかなくなるといった課題が指摘されています。とりわけ宗教者が大切な方を亡くしたご遺族や死にたいという気持ちを抱えた方に接するとき、自死をどのような死として捉えるか、すなわち教義理解における自死の位置付けは、宗教者による自死対策において極めて重要な課題として認識されてきています。

例えば、日本における自死者数が急増した二〇〇〇年代後半、宗教者が自死遺族に対して心ない言葉をかけたなどの報道が相次ぎました。『毎日新聞』（二〇〇九年六月四日東京・朝刊）は「偏見根強い宗教界　安心して悼む場を」と題した記事を掲載し、通夜や葬儀の席で僧侶から「命を粗末にした人間は浮かばれない」「自殺は許されないことだから地獄に落ちる」などの言葉をかけられた事例を詳細に報じています。こうした自死遺族に対する宗教者の対応の背景には、自死に対するある種の否定的な教義理解が存在していると考えることができます。つまり教義理解そのものが葬儀などの宗教者による現場対応と密接に関わっているのです。

こうした事態を受けて、二〇〇〇年代後半より国内の宗教教団は教義理解の検討を本格的に実施していくようになります。伝統仏教教団や新宗教教団など国内二十七の宗教団体で構成する「教団附置研究所懇話会」では、自死の教義上の理解について再検討する会議が二〇〇七年以降開催され始めます。なかでも二〇〇九年十月に孝道教団（横浜市）にて開催された第八回年次大会では、浄土真宗本願寺派、曹洞宗、金光教、プロテスタントなどに属する宗教者が各宗教・宗派における自死関連の記述を再検討したうえで、自死という行為は非難されるべきものではなく、遺族や念慮者の立場にたった対応が必要であることが確認されています（『第八回教団附置研究所懇話会　年次大会プロシーディングス』二〇一〇年）。

律典の用例における自死の記述

それでは仏教文献（仏典）には自死はどのように記述されているので

しょうか。ここでは近年の研究に沿いながらいくつか特徴的な文献の記述を紹介しておきましょう。

仏典における自死の記述について最も注目すべきは、自死という「死に方」を一方的に断罪する箇所はほとんど存在しない、という点です。はじめに律の規定を確認しましょう。

律蔵は比丘《びく》（男性出家者）比丘尼《びくに》（女性出家者）など僧伽《そうぎゃ》（サンガ／教団）の構成員の修行生活の規則についてまとめられたものです。この中に教団追放を意味する波羅夷《はらい》という最も重い罪として婬《いん》（性行為）・盗《とう》（偸盗）・殺《せつ》（殺生）・妄《もう》（妄語）の四つがあげられています。このうちしばしば自死との関係で問題視されるのが第三番目の殺生戒《せっしょうかい》です。

もし比丘が故意に自らの手で人の命を断った場合。刀を持って人に与える場合。死の快さを讃嘆して死を勧めた場合。……さまざまな方法によって死の快さを讃嘆し、死を勧めたならば、この比丘は波羅夷であり共に住むことはできない。

（『四分律』大正新脩大蔵経二二、五七六頁中／抄訳）

ここで問題となるのは、「人の命を断つ」という規制が「自らの命を断つこと」まで意味するかどうかという点です。しかしこの条文に明らかなように、ここでは①故意に他者の命を奪うこと、②故意に刀をもって他者に与えること、③故意に死を勧めることの三点が規制されているのであり、自死についての言及は存在しません。この点は現存する『四分律《しぶんりつ》』以外の律文献についても基本的に同様です。

また本条文には、殺生戒がなぜ釈尊によって制定されたのかという由来を述べた「因縁譚《いんねんたん》」と呼ばれる箇所が付加されています。そこでは釈尊がかつて、人間の身体の不浄性を観察するといういわゆる「不浄観《ふじょうかん》」

という観法について説法されたときに、自分の身体に嫌悪感をもった出家者たちがつぎつぎと自死し、また他人に殺してもらうよう依頼したという衝撃的な事件が発生したことが記されています。

従来、こうした連鎖自殺という悲劇を生んだ事件に由来する不殺生戒は、やはり自死をも禁じているのではないかと考えられてきました。しかし、先述のように律蔵の条文では自死をそのかすこと（自殺教唆《じさつきょうさ》）を禁じてはいますが、自死そのものの禁止は明示されていません。この点は後代に成立した戒律の注釈書においても同様であり、殺生戒が自死をした当人を規制しているとは解釈されていません。

もう一点だけ、やはり自死を禁じた律の規定であるとしばしば理解されてきた投身自殺をした比丘の事例をみておきましょう。

その時一比丘、憂愁《ゆうしゅう》に心くだけ、耆闍崛山《ぎじゃくっせん》に登りて断崖《だんがい》に身を投ぜるに、一籠師《いちかごし》の上に堕ちて彼を死せしめたり。彼に悔心《かいしん》生ぜり、……乃至……「比丘、波羅夷に非ず。然れども諸比丘、自ら投身すべからず、投ずる者は突吉羅《ときら》なり」と。

（パーリ律『南伝大蔵経』一、一三六頁）

これは悩みを抱えた比丘が高い崖から飛び降りたところ、たまたま下を通りかかった籠作りの人の上に落ちてしまい、この人を死なせてしまったという出来事です。これに対し釈尊はやはり「波羅夷罪には該当しない」と明言しています。

もっとも、続いて釈尊は「飛び降りてはいけない、飛び降りた場合は突吉羅《ときら》罪（一定期間懺悔《さんげ》を求める軽微な罪）にあたる」と述べています。しかしここで重要なことは、釈尊が規制しているのはあくまで他者に危害を加える可能性のある「飛び降りる」という行為そのものを禁じているという点でしょう。つまりこの条文で規制されているのは自死ではなく、「飛び降り」という危険行為である、と考えなければならないのです（李薇、二〇一五）。

以上のように律の上からは自死を明確に禁止した条項は確認できません。このことは日本を含む東アジアに大きな影響を与えた『四分律』の注釈家であった中国唐代の僧、道宣《どうせん》（五九六―六六七）の解釈も同様です。道宣は、①命を既に断った者には律は適用されないこと、②自殺には殺生戒の規制の対象となる他者が存在しないことを理由に自殺は「無罪」であると注釈しています（『四分律拾毘尼義鈔』巻二）。

初期経典の用例における自死の記述

さて、初期経典の一つである『雑阿含経《ぞうあごんぎょう》』には、病苦から自死を念慮しているヴァッカリという仏弟子が登場する有名なエピソードが記されています。

仏弟子のヴァッカリは重い病に罹って苦しみ、自死を考えていた。お見舞いに訪れた釈尊はヴァッカリに対し無常の教えを説き、教えに関する質問を行った。その後ヴァッカリは自死したが、釈尊は弟子たちに対して、ヴァッカリが般涅槃したことを述べた。

（大正新脩大蔵経二、三四六頁中／抄訳）

ここで注目したいのは、釈尊はヴァッカリがいかに無常という教義を理解していたか、どのように仏法を学んでいたかということのみを質問している点です。つまり、釈尊はヴァッカリの「自死という亡くなり方」について、それが善であるか悪であるかの価値判断を行っていないのです。

自死した弟子を非難しないという釈尊の対応は、同様に病苦から死を選んだチャンナ（『雑阿含経』同、三四七頁中）やゴーディカ（『雑阿含経』同、二八六頁上）など二人の比丘に対しても確認できます。

自死した者は地獄に堕ちるか

こうした「死に方」ではなく「生き方」を重視するという釈尊の姿勢は、仏教における自死の理解をみていくうえで極めて重要です。この点と深く関連するのが、「自死をした者は地獄に堕ちる」という一般的な理解です。平安時代の天台僧である源信和尚《げんしんかしょう》（九四二―一〇一七）が著した『往生要集《おうじょうようしゅう》』は、迷いの世界である六道《りくどう》について多くの経典を引用しながら詳細な解釈を展開している文献です。その中に次のような注意すべき記述が存在します。

また異処《いしょ》あり、等喚受苦処《とうかんじゅくしょ》と名づく。……昔、説法せしに悪見《あっけん》の論によりてし、一切不実《いっさいふじつ》にして、一切を顧みず、岸に投げて自殺せるもの、このなかに堕《お》つ。

（『浄土真宗聖典 七祖篇』注釈版、八〇二頁）

ここでは「岸から飛び降りて自殺した者」が黒縄地獄《こくじょうじごく》の異処《いしょ》（大地獄に付属する特別の小地獄）である「等喚受苦処《とうかんじゅくしょ》」という場所に堕ちる者として示されているかのように読むことができます。そのため、やはり従来まで自死という行為と地獄との深い関係を示す根拠とされてきました。しかし、果たしてそうでしょうか。

ここで重要な点は、「悪見《あっけん》を口にし、一切不実である者」という部分です。悪見とは根本的な煩悩の一つであり、物事の真実のあり様を正しく認識していないことを指しています。つまり、『往生要集』は自死という「死に方」が原因となって地獄に堕ちたと述べているのではなく、根本的な煩悩から離れられていないという生前の行いが問題であると述べているのです。実際にこのことは『往生要集』の記述の出典である『正法念処経《しょうぼうねんじょきょう》』に説かれるその他の地獄に堕ちるとされる行為を指す部分において、共通して悪見や殺生、偸盗などの十種類の不善な行為（十不善業）を生前に働いたものが地獄に堕ちるという表現になっていることからも確認できます（村上明也、二〇一一）。

教義理解が意味するもの

以上、やや煩雑になりましたが仏典における自死に関する記述について、近年の研究動向を踏まえて紹介してきました。いうまでもなく仏教はアジア各地に伝播し、多様な教えを伝えてきました。したがってここですべての用例を網羅することはできません。しかし、「死に方」ではなく、どのように生きるかを重視するという仏教の基本的な立場は、現代において希死念慮を抱える方や大切な方を亡くしたご遺族に僧侶が向き合うための重要な示唆を与えてくれます。

そもそも仏教は、「一切皆苦」などの教義が示すように、人は思うままに生きることはできず本質的に苦悩を抱えた存在であると説いてきました。自死というと特別な人が特別なことをしていると思われがちですが、決してそうではありません。普段、元気なときにはどのようなことでも自分の思い通りにコントロールできると思っていますが現実にはそうはなりません。なにより、死はいくら避けようとしても避けることができないものであり、その「死に方」もまた思い通りに選ぶことはできません。

生きることの素晴らしさばかり強調される社会の中では、残念ながら死を選ばざるを得なかった方の存在は「あってはならない存在」として認識されがちです。しかし、仏教において生と死は別のものではありません。生あるものは必ず死を迎えるのです。

私たちは自死という死のあり方から目をそむけ、タブー視するのではなく、「自死はある」という現実を直視するところから始めなければなりません。「死にたい」「楽になりたい」と感じている人が、その気持ちを人に伝えることは支援の枠組みにつながるための大きな一歩とされています。その一歩を踏み出してもらうためには自死のタブー視はけっして適切ではない、というのが自死対策の極めて重要なポイントであり、ここに仏教思想との接点を見出すことができるように思われます。

（野呂　靖）

参考文献

浅野研真『日本佛教社会事業史』凡人社、一九三四年
宇野全智・野呂靖「自死対策における宗教者の役割」『ケアとしての宗教』宗教とソーシャルキャピタル第三巻、二〇一三年
大橋俊雄「渡辺海旭と仏教徒社会事業研究会」長谷川匡俊編著『近代浄土宗の社会事業——人とその実践』相川書房、一九九四年、一—十一頁
清水海隆『仏教福祉の思想と展開に関する研究』大東出版社、二〇〇二年
社会福祉法人真宗協会編『創立七〇周年記念誌　四無量心』二〇一八年
社会福祉法人真宗福祉事業協会編『創立二十周年記念　悲願』一九六八年
千葉乗隆編『仏教婦人会百五十年史』同朋舎、一九八二年、二〇〇頁

日本キリスト教社会福祉学会『日本キリスト教社会福祉の歴史』ミネルヴァ書房、二〇一四年
本願寺史料研究所編『増補改訂　本願寺史第三巻』四七〇—四七二頁、本願寺出版社、二〇一九年
村上明也「「自殺」と「地獄」の因果関係——『往生要集』所引の『正法念処経』を手掛かりとして」『仏教文化研究所紀要』五〇集、二〇一一年
李薇「律と自殺—投身事例の考察—」『禅学研究』九三、二〇一五年
WHO（世界保健機関）『自殺を予防する—世界の優先課題（Preventing suicide. A global imperative）』二〇一四年

コラム

災害復興支援に取り組む宗教者―仏教者の取組みへの一視点―

災害復興支援活動に取り組んできた宗教者は数多くいらっしゃいます。本コラムでは、二〇一一年以降の東日本大震災におけるケースを通して、宗教者がこれから何に注力して災害復興支援活動に取り組むべきか。また、複数の課題が既に提示されているうえに仏教者の取り組みに関する私見を加えたいと思います。

◆既にある課題から

はじめに阪神・淡路大震災におけるフィールドワークを中心に東日本大震災での宗教者の活動と課題についてまとめられた三木英氏《みきひずる》の『宗教と震災』終章（三木、二〇一五）を紹介します。

表1の七点すべてに仏教者の関わる余地があるように思います。なかでも過去から問題視されていた（b）宗教者間の連携から被災者との連帯について、二〇一九年時点での一視点を紹介したいと思います。

まず、宗教者による災害支援活動について、一九九五～二〇一九年までの間に世間の意識は大きく変化したといわれています。山折哲雄氏《やまおりてつお》は一九九五年に「阪神淡路大震災では宗教者は力を発揮できなかった」と指摘しましたが、十六年後の東日本大震災では、多くの宗教者の活躍があったことを認めています。また、島薗進氏《しまぞのすすむ》は東日本大震災における地元宗教者の役割を具体的に「慰霊と追悼のエージェント」と「緊急避難場所としての宗教施設」の二点にまとめ総括しています（島薗、二〇一六）。前者は、既になされている宗教者の役割がいっそう見える形になったことを指摘するもので、後者は、行政の指定する避難場所以外に、地元の寺院に身を寄せて、地域の人々が長期避難生活を送ったことを紹介し、既に築かれていた地縁を再認識する指摘です。これらの結論は同じ島薗進氏が代表を務める「宗教者災害支援連絡会」で、二〇一一年四月以降、三十五回の情報交換会が催されてきた成果の一つといえるでしょう（二〇一九年四月時点）。さらに大切なことは、ホームページで公開されているアーカイヴを見ると宗教団体間の垣根を越えた取り組み実績を認知できるということです。

表１　宗教が社会に貢献するための課題

a	宗教者・宗教団体が被災者に長期的・継続的に関わるためには、どうしてゆけばよいのか。
b	宗教者・宗教団体が連携し合うために、そして彼ら（それら）が一般の被災者とも連帯してゆくためには、何をするべきか。
c	被災地で奮闘する宗教者をどのように支えるのか。
d	惨事の記憶はどうすればつないでゆけるのか。
e	惨事の記憶を担う集団を維持、また育成してゆくためには、どうすればよいか。
f	社会的記憶を担うジャーナリズムに、宗教はどのように関わってゆけるか。
g	民衆的儀礼に与る人々の連帯は「聖なるもの」の曖昧化、希薄化が進むなか、どうすれば維持しうるのか。

◆被災者の心を支える

このように、仏教者を含む宗教者間の連携は進展しているといえるでしょう。では、同じ項目（b）の後半部分、「一般の被災者と宗教者とが連帯してゆくために何をするべきか」という点に目を移したいと思います。先の「宗教者災害支援連絡会」で報告されるように、災害復興に関わる仏教者の支援活動は多様であり、それゆえ宗教者や仏教者独自の役割は固定的なものではないように思います。そんな中でも、物質的な支援のみならず、心を支える宗教者の活動が注目されています。例えば「臨床宗教師」の養成や、合同慰

写真１　津波の浸水域に建てられたモニュメント「心」（撮影：金澤　豊）

霊祭、電話相談、仮設住宅へ直接訪問し傾聴活動を実施する僧侶のグループなどです。社会的に注目される背景には「なぜあの人が死んで、自分が生き残ったのか」という医療者には対応が難しいとされる精神的な苦悩（スピリチュアルペイン）が満ちている実態があるからです。残念ながら、東日本大震災では支える側の人よりも傷を負った人の数が桁違いに多く生まれてしまいました。被災直後、目に見えにくい被災者の心を支える活動の優先順位は低いままでしたが、時間が経つにつれて活動の重要性が謳われ、医療や福祉などの多職種間で協働できる宗教者が求められました。仏教者による心のケアについて「「寄り添い」から「傾聴」へ、そして「宗教的なものの見方の提供」へ」というロードマップが示されていることもその一例です。（蓑輪、二〇一六）

◆マニュアルを超えて

自然災害によって多くの人が苦しむ事態は、今後もあって欲しくないことですが、十分にあり得ます。そんなとき、助けを求める人や遺族に対して仏教者が関わらない理由はないように思います。現に災害復興の現場でも、寄り添い、傾聴という活動の事例は数多存在します。しかし「宗教的なものの見方」の提供にまで踏み込んだ活動は多くないのが現状です。その原因の一つは、ブッダが人々に教えを説いた姿勢が対機説法、応病与薬と例えられるように、苦しむ人への仏教者の関わり方もまた多様でありマニュアル的なまとめが不可能であるという点があげられるでしょう。ブッダが人々と関わったように、マニュアルを超えていく姿勢は今後の課題として宗教者の連携の上に引き続き考えなければいけないことです。

◆全日本仏教会の支援活動

最後に「一般の被災者との連帯するために何をするべきか」という点について補足します。この「一般」の表記は宗教教団にとって信者以外の方、僧侶にとって檀家など元来の繋がりのない方との連携が含意されているように感じます。広く人々をバックアップできる例の一つとして全日本仏教会の事業を紹介しましょう。

超宗派の仏教者で構成される全日本仏教会のホームページには二〇一一年以降だけでも東日本大震災以外に熊本地震のほか、十件の国内外の災害案件への義援金募集が取り上げられています。また、二〇一一〜二〇一六年の間、災害復興のために活動する人々への助成金支援はのべ、一千二百八十一件の実績があります。二〇一一年以前は海外の地震津波にかかる救援基金の寄託、口蹄疫被害者、台風被害、岩手・宮城内陸地震被災者支援への基金にとどまっていましたが、二〇一一年以降、規模の大小を問わず義援金を募り、支援金が必要な人や団体へ届くシステムへと組み替えられたといえるでしょう。災害からの復興において重要なのはお金であるということは声高には叫ばれませんが、現場ではつとに実感されてきたことです。全国の寺院や人々から全日本仏教会に義援金が寄せられ、檀家であるか否かという点を抜きにした被災者への義援金が分配、活動者への支援金が助成されている事実は、今後の災害時に支えとなる心強い要素の一つといえるでしょう。

（金澤　豊）

参考文献

大谷徹奘・金澤豊・安部智海・高見昌良・森本公穣著「東日本大震災と仏教――仏道の現代的意義」楠淳證編『南都学・北嶺学の世界――法会と仏道』法藏館、二〇一八年

島薗進「宗教者と研究者の新たな連携――東日本大震災支援活動が拓いた新たな地平」『災害支援ハンドブック――宗教者の実践とその協働』春秋社、二〇一六年

三木英『宗教と震災　阪神・淡路、東日本のそれから』森話社、二〇一五年

蓑輪顕量「支援を支える信仰とその支援の内容を考える――仏教を一例として」『災害支援ハンドブック――宗教者の実践とその協働』春秋社、二〇一六年

第八章　多文化共生社会における日本仏教の可能性
―トランスナショナルな視点からの再検討―

一　はじめに

「多文化共生社会」という言葉で表現される、現代における人間社会の「グローバル化」の急速な展開は、これまで国家間の交流を前提として考えられてきた「国際化」というコンセプトをはるかに超えたスピードで進行しています。またその中で既存の社会の枠組みの中で温存されていたさまざまな社会的課題や人間生活の中での歪みも露呈しつつあり、グローバル化への反動としての「自国優先主義」の台頭や、多様な背景を持って形成されていくさまざまな「マイノリティ・コミュニティ」の中で、同じ主張を持つ人々があたかも一つの部族のようにまとまり、異なる意見を持つ人々との対話を求めようとしない「トライバリズム」が進行していく状況も、現代の日本において、次第に顕著な社会現象になりつつあります。そういった現状の中で、これまで国家の枠組みの中で論じられることが多かった日本仏教ですが、現代社会のグローバル化の高度な進展を目前にして、国家の枠組みを超えて活動を展開することを前提とした、「トランスナショナル」な視点からの再検討が必要となってきたといえるでしょう。

現代社会のグローバル化の中で、日本仏教の研究の場においても、近世までの伝統的な「日本の仏教」のイメージの延長で進められ、これまでの研究課題からこぼれ落ちてしまっていたテーマ、例えば「女性」「外国人」「性的少数者」など、研究者があまり積極的に関与することがなかった社会的課題に関する研究にも対して、しだいに関心が高まりつつあります。またこれらの課題は、仏教の宗教的実践の場において、現代の人間・社会のあり方を検討する際に、必ず取り上げられるべき喫緊の課題であるという認識が、日本の仏教教団においても次第に共有されるようになってきました。さらにこれらの社会的課題についての歴史・文化的背景は、古代から近世に至るまでの仏教の通時的研究や、現代社会に生きる仏教徒の視点を踏まえた共時的研究からも明らかにされつつあります。

しかし、このように宗教実践の場で行われている個々の取組みが次第に成果を上げ、また研究者が個別に行うリサーチの場が広がっていく中で、「多文化共生社会」に対応するために必要な「宗教間対話」や「宗教間教育」の理論と実践については、伝統的な日本の仏教教団の教学研究機関や、各宗派の運営する仏教系の私立の教育機関においては、まだまだ発展途上の状況にあるといえるでしょう。日本仏教の国際化への取組みに限ってみても、やはり従来型の仏教内部からの一方的な発信を試みるものが多いようであり、仏教系の教育機関における教育プログラムについても同じような傾向がうかがわれます。

本章では多文化共生社会における日本の仏教をトランスナショナルな視点からの再検討することをテーマとして掲げ、具体的には「宗教間対話」「宗教間教育」「仏教と女性」という三つの課題を取り上げ、多文化共生社会における日本の仏教の現状を踏まえたうえで、日本の仏教のもつ可能性を検討していきます。本章で、多文化共生社会における日本仏教の可能性について、これらの課題をもって論じる際には、仏教内部からの視点だけではなく、他宗教との交流、他宗教から見られている仏教という複数の視点をもって臨むことといたします。

（那須英勝）

二　多文化共生社会における宗教間対話と日本仏教の可能性

多文化、多宗教　現代は科学・技術の時代、また、多文化・多宗教の時代です。科学・技術、芸術や宗教、政治、経済、スポーツなど、人類はさまざまな文化を生きています。さまざまな宗教に生きる人々がいます。また、宗教を生きているとは自認しない人々もいます。このような多文化や多宗教世界において、それぞれの宗教は、相互に異なる他の宗教や文化と出会っています。そのような出会いの中で、「わたしの」宗教の特徴が理解されてきます。

公益財団法人「日本宗教連盟」という団体があります。教派神道連合会、全日本仏教会、日本キリスト教連合会、神社本庁、新日本宗教団体連合会が加盟しています。ここから、現在の日本社会において、仏教やキリスト教、教派神道などが宗教団体（寺院・教会・神社など）を形成していることが分かります。

このような「多くの宗教がある」状況が生まれてきたのは、明治初期の頃からです。明治元年（一八六八）に「神仏分離令《しんぶつぶんりれい》」が出されました。「神」「仏」は別々のものであるという考え方がはたらいてきました。「廃仏毀釈《はいぶつきしゃく》」などが興り、混乱状況が生まれたので、国民教化（大教宣布《たいきょうせんぷ》）のために、一八七二年に「大教院《だいきょういん》」が設置されました。神官や僧侶などが教導職に任命され、国民教化にあたりましたが、いろいろな宗教の合同活動であったためにうまくいかずに、「神仏合同布教禁止の令」明治八年（一八七五）が出て大教院は解散となりました。その後、個々の宗教運動態が、個別の宗教団体、教派や宗派を形成するようになりました。伝統的な仏門宗旨（仏教）の運動態は、天台宗、浄土宗、真宗などです（明治末ごろで、十三宗五十六派でした）。神道系の運動態は、金光教、黒住教など（教派神道）ですが、「布教・葬儀などの活動態」を「宗教」と理解する観点から、「祭祀《さいし》」中心の営みである神社は、〈宗教ではない〉とされました（神道非宗教論）。「神《かみ》に関心を示す生き方」（神をまつる［祀・祭］、おそれる［畏・怖］等の関心行動）は、「宗教」として理解される要素でもあり、また、「宗教ではない」文化・道徳と理解される要素でもあるからです。「宗教団体法」昭和十四年（一九三九）では、神社は法人格が取得できませんでしたが、宗教法人法昭和二十六年（一九五一）では、神社を含む宗教諸団体が法人格を取得できるようになりました。

明治期以降、日本社会は、近代と出会う中で「宗教」概念とも出会ってきています。「宗教団体に属している」（寺院や教会のメンバーである）ことと、「宗教を生きている」（宗教［仏教、神道、キリスト教など］は私にとって大切な事柄である）と自認することは、必ずしも同じ意味ではなくなっています。仏教や神道、キリスト教などは、ある人にとっては宗教であり、ある人にとっては宗教ではなく文化です。現代は、そのような多文化多宗教が共存混在しているといえるでしょう。

宗教間対話─さまざまな宗教の出会い─

「宗教間対話」が語られるようになったのは一九七〇年代ごろからですが、十九世紀末に、世界の主な宗教の代表者が初めて集った会合（シカゴ万国宗教会議、一八九三年）がありました。日本からは、釈宗演《しゃくそうえん》（臨済宗、通訳として鈴木大拙《すずきだいせつ》）・土宜法竜《どきほうりゅう》（真言宗）・芦《あし》津実全《づじつぜん》（天台宗）・八淵蟠竜《やつぶちばんりゅう》（浄土真宗）・柴田禮一《しばたれいいち》（神道、実行教）・小崎弘道《こざきひろみち》（キリスト教）・平井金三《ひらいきんざ》（英学者）が参加しました。

この会議に宗教学者マックス・ミュラー（一八二三―一九〇〇）が献辞を寄せていますが、この時代に、さまざまな宗教の研究、比較宗教学がはじまりました。マックス・ミュラーは、『宗教学入門』（一八七一年）の中で、「一つの宗教しか知らない者は宗教について何も知らない」（He who knows one, knows none.）と述べています。「無限なるものを知る営為」を宗教と理解する彼は、ユダヤ教・キリスト教・イスラーム・ゾロアスター教・バラモン教・仏教・儒教・道教という八つの「聖典を持つ」宗教に注目します。また、「未開社会」の文化に注目したE・B・タイラー（一八三二―一九一七）は、『原始文化』（一八七一年）の中で「霊的なものを信じる営為」（アニミズム）も宗教と見なしました。また、「タブー」（禁忌）や「マナ」（不思議な呪的はたらき）「聖なるもの」（ヌミノーゼ）など、さまざまなものが宗教と見なされるようになりました。「クリスマス」（神の子・救い主の生誕）、「ラマダン」（断食月、九月）「スカーフ」（ヒジャブ、覆うもの）、「浄土往生を願い求める実践」などなど、異なる宗教文化、多宗教が共存混在している状況においては、異文化・他宗教への関心が強く現れてきます。「一神教と仏教」「神道と仏教」などの「宗教間対話」がなされる中で、それぞれの宗教間の違いと同時に「私の」宗教の特徴・独自性が宗教を語る言葉でもって理解されるようになってきます。

キリスト教やイスラームが語る「神」と、神道が語る「神」、また、仏教が語る「仏」とは、相互に異なるものであることが理解されてきます。むしろ、それぞれの宗教が、まったく異なる文脈で教え（すくい）を語っていることが理解されてくるでしょう。

一神教―啓示の宗教、神のもとに生きることを教える宗教―

キリスト教やイスラームは、「啓示の宗教」であり、「神のもとに生きること」を教える宗教といえます。「啓示の宗教」が説く「救い」は、「神のもとに生きる人生をおくり、（死後、究極的に）神のもとに安らうこと」にほかなりません。アブラハムは「神のことば」（啓示）に従って行動しました。「あなたは生まれ故郷／父の家を離れて／わたしが示す地に行きなさい」との「主の言葉に従って旅立った。ロトも共に行った」（「創世記」十二章）ように、神のことばに従って生きる宗教です。

キリスト教は、「神のもとに生きること、イエスが救い主キリストであること」を教える宗教です。キリスト教が説く「救い」は、「イエス・キリストの言葉に導かれて生き、（死後、究極的に）神のもとに安らうこと」にほかなりません。

イスラームも「神のもとに生きること」を教える宗教です。予言者ムハンマドは、大天使ガブリエルを通して神のことばを受け、それに従って人生を送りました。預言者ムハンマドと同じように（彼を範として）「神に帰依して生きること」全体が「イスラーム」（帰依、平安）といわれます。

神道―聖の宗教、神様とおつきあいをする宗教―

神道（日本の宗教）は、定式的な教えの説明を必要とはしない宗教です（教義がないともいわれます）。「惟神《かんながら》の道《みち》」は、神をまつる「祀る、祭る」、おそれる「畏、怖」等の関心を示して生きる宗教です。浄穢の差異性、タブー・マナの差異性なども見出されます。「神道」は、人生において、さまざまな神と「おつきあい」をする宗教です。

櫻井治男は次のような説明をしています。

私たち日本人は、神様とどのようにおつき合いをしているのか」「現在、日本には約八万の神社があるといわれます。もっとも、これは「宗教法人」として法律上登記されている数で、実際にはもっとたくさんの神社や祠があります。また、日本人は古来、山や川、海や滝、大木や巨岩に神様を感じてきましたし、生活のまわりを眺めてみても水や火、竈、トイレといった場所にもそれぞれ神様が静まっているとかんがえてきました。（櫻井、二〇一四）

仏教―覚の宗教、転迷開悟の宗教―

仏教は、「仏《ほとけ》に成ること」を教える「覚の宗教」です。仏教が説く「救い」は、仏陀の言葉に導かれて（究極的に）「ブッダ（覚者）と成ること」です。二千数百年前、インドの地で修行者ゴータマ・シッダールタがブッダ（覚者、真理を悟った者）となりました。釈尊のことばに関心を示し、「私」も「仏に成る」ことを求めようとする人々の集まりができました（初転法輪《しょてんぼうりん》、僧伽《さんが》の成立）。釈尊の教え「ことば」を聞いて、（今生もしくは来世において、いつかは）「ほとけに成る」ことができる人生を歩んでいるということが仏教の教える「救い」にほかなりません。仏教は、たくさんの宗派に分かれていて、教えるところが異なる（救いもたくさんある）ように見えますが、それは、どの経典の教え（釈尊の説示）に従って行じていくか、実践の道の多様性にほかなりません。

釈尊は、さまざまに語りました。「対機説法《たいきせっぽう》」（聞き手に伝わるように説いた）、「応病与薬《おうびょうよやく》」（病に応じて薬を与えた）といわれます。キサーゴータミーは、かわいい息子が突然死んでしまい、狂乱して、子どもが生き返る薬を探し求めます。釈尊が良い薬を知っていると聞き、釈尊のもとに来ました。「白いケシの実を、ひとつまみ、今までに死者を出したことのない家から貰ってきなさい」。どの家にでもあるものなので喜んで求めに行きますが、「死者を出したことがない」との条件で、ことごとく、だめになってしまいます。尋ね歩くうちに、「死者を出したことがない」という条件に含まれている理《ことわり》に気付きました。つまり、人は誰でも死に直面していることを。釈尊が教えられたことの真意を理解したキサーゴータミーは仏弟子となりました。聞いたことを覚えることができない周利槃特《しゅりはんどく》には、釈尊は箒を与え、「塵を払い、垢を除く」との言葉を唱えながら掃除をすることを教えました。ただひたすら掃除をする中で、釈尊の教えたことの真意（煩悩《ぼんのう》の塵を払い、垢を除く）を体解しました。釈尊は、キサーゴータミーにも周利槃特にも「自分で気付く――法に出会う」筋道を教えたのです。

阿弥陀仏の浄土へ生まれて、そこで成仏することを関心事とする浄土門仏教の教えも、釈尊の説法（『観《かん》無量寿経《むりょうじゅきょう》』において下品下生の者が実践できる行として教えたこと、「なんぢもし念ずるあたはずは、まさに無量寿仏《むりょうじゅぶつ》〔の名〕を称すべし」との教え（浄土真宗聖典（註釈版）、一一五頁）に従った実践（行）にほかなりません。浄土門仏教の流れの中で生きた親鸞の言葉として伝えられているものも、まったく、同じことを教えています。

他力真実のむねをあかせるもろもろの正教は、本願を信じ念仏を申さば仏に成る、そのほかなにの学問かは往生の要なるべきや

（『歎異抄《たんにしょう》』第十二章）

（髙田信良）

三　多文化共生社会としての日本における宗教間教育の必要性

近年、多文化共生という言葉をよく聞くようになりましたが、この日本語は決して古くからあるものではありません。「多文化共生」という言葉が、公的な場に登場し始めたのは、総務省が二〇〇五年に「多文化共生の推進に関する研究会」を設置し、翌年、研究会の報告および報道資料『「多文化共生プログラム」の提言──地域における外国人住民の支援施策について』が発表された頃です。この報道資料の副題にもあるように、多文化共生がテーマ化される背景の一つに、地域における外国人住民の増加があります。国際社会では「多文化主義（multiculturalism）」という言葉が一般的に用いられてきましたが、日本では「多文化共生」という言葉の方がよく知られているので、ここでもその言葉を使います（小原、二〇一八）。

多文化共生という言葉が国内における外国人住民の増加と連動しているとはいうものの、多文化共生は国境の内側で完結する事柄ではありません。ビジネスや観光を通じて海外に出て行く日本人の数が増加する中で、国際社会における多文化共生も大きな課題です。グローバル化の進展が著しい時代において、国内外を問わず求められるのは、「異文化間能力（cross-cultural competence）」です。異なる文化的背景を持った他者に対する理解を深めることが社会の調和や平和のために欠かせません。また、どの文化も決して均質のものではなく、その内部ではジェンダー、人種、階級そして宗教などの違いが敵対心や衝突を引き起こす可能性があることを知っておく必要があります。他者のもつ文化的・宗教的価値、美意識、生活習慣などを積極的に学び、ともに生きる作法を見出していく異文化間能力の一部として、「宗教間教育（interfaith education)」を位置付けることができます。

宗教間教育の目的

では、伝統的な宗教教育では不十分なのでしょうか。そのことを考えるために従来の宗教教育の課題を整理してみましょう。これまで宗教教育は、(1)宗教知識教育（宗教の学術的側面）、(2)宗教情操教育（宗教的な情操と感情の育成）、(3)宗派教育（特定教派の教えの教育）に分類され、それぞれの役割や効果が検討されてきました（國學院大學日本文化研究所、一九九七）。宗教間教育が、広い意味での宗教教育の一部であることはいうまでもありません。しかし、一般的に宗教教育が、信仰の有無にかかわらず、客観的な宗教知識教育を提供しようとする、あるいは、特定の宗教の内部教育（宗派教育 confessional education）であるのに対し、宗教間教育は特定の信仰を前提としながらも、それとは異なる信仰との関係に関心を向けます。また特定の信仰をもたない人には、異なる宗教の相互関係を強調することになります。

異文化間能力があれば、異なる価値観を持つ人を主流の文化に同化させることなく、共生するための作法を探ることができます。しかし日本の近代史では、教育勅語を基盤とする「修身」という教科の中で、国家主義的な価値への同化が強いられ、明治期以降、今に至るまで、道徳は原則的に国民道徳であり続けました（小原、二〇一〇）。国や郷土を愛する態度を重視する現在の教科「道徳」も、国家という境界線を越えることを目的としてはおらず（学習指導要領などには「国際的」という言葉が散見されますが、形式的・表層的なものです）、境界線を越えてやってきた人々に対しては同化を促すことになります。こうした近現代に及ぶ現状に対し、宗教教育は国体や国民道徳に従属させられてきた歴史的教訓を踏まえ、国民道徳がなし得なかった未完の課題に向き合っていく必要があります。それは同化ではなく共生を促す道を積極的に示していくことであり、そこに宗教間教育の目的もあります。

宗教間教育が必ずしも理念的なものにとどまらないことを示すために、次に大学レベルでの宗教間教育の萌芽的な取組みの一例として、京都・宗教系大学院連合を取り上げ、その後、既存の宗教教育（宗派教育）を宗教間教育に近づけることができるかどうかの検討事例として同志社を取り上げます。

京都・宗教系大学院連合　京都・宗教系大学院連合（K-GURS）は、大谷大学大学院文学研究科（浄土真宗）、高野山大学大学院文学研究科（真言宗）、種智院大学仏教学部（真言宗）、同志社大学大学院神学研究科（キリスト教・ユダヤ教・イスラーム）、花園大学大学院文学研究科（禅宗）、佛教大学大学院文学研究科（浄土宗）、龍谷大学大学院文学研究科（浄土真宗）の七つの大学院および大学がその加盟校となって二〇〇五年に設立されました。二〇一四年、新たに皇學館大学が加盟することにより、仏教および一神教に加え、神道をも視野に入れた教育・研究活動を展開することができるようになりました。K-GURSの中心的な事業は、単位互換制度、チェーン・レクチャー、研究会、院生発表会（交流会）、公開シンポジウム、加盟各校の行事等の情報共有と告知、機関誌『京都・宗教論叢』の刊行などです。

K-GURS加盟各校は、それぞれが帰属する伝統の中で宗派教育を行うと同時に、宗門・宗派の聖職者（研究者）を養成してきました。しかし、グローバル化、世俗化、宗教の多元化が進展する中では、従来の宗派教育を継承するだけでなく、他の宗派や宗教と交流し、共通の課題を発見し、共有することによってこそ、自らの伝統の輪郭をより広い社会的コンテクストの中で描き出し、その特徴や強みを表現し直すことができます。K‐GURSの単位互換制度では、例えば、将来の、あるいは現職の僧侶が、将来の牧師たちと席を並べ、現代の課題をともに論じあうという光景が日常的なものとなっています。自らの宗教伝統を外部の視点を意識しながら語り直すという経験は、宗教間教育の成果の一つといえるでしょう。

K‐GURSによるこうした取組みは、それぞれの宗教伝統の専門性（特殊性）を汎用性や普遍性へと接続していく試みでもあります。その試みの個別事例として、次に同志社のキリスト教主義教育と宗教間教育の関係を論じます。この事例を通じて、同志社固有の問題を明らかにするだけでなく、他の宗派・宗教教育においても同様の課題があることを示唆したいと思います。

同志社のキリスト教主義の現代的課題

同志社の前身である同志社英学校は一八七五年に設立されました。キリシタン禁制の高札が撤去されたのが、そのわずか二年前の一八七三年であったこと、設立の場所が京都の中心部であったことを考えれば、同志社が仏教をはじめとする既存の宗教団体から歓迎されなかったことは明らかでしょう。実際、同志社の設立直後に、耶蘇排撃集会が僧侶によって行われたり、同志社の追放を要求する嘆願書が政府に送られたりしていることを、宣教師J・D・デイヴィス（一八三八―一九一〇）の記録からも、うかがい知ることができます（デイヴィス、一九七七）。

神仏分離や廃仏毀釈により大きなダメージを負っていた仏教界にとっては、日本精神に悪影響を及ぼしかねない新参者のキリスト教に対する防波堤の役割を担うことは、自らの存在意義にもかかわる重要課題でした。仏教とキリスト教の対立には、こうした時代背景も視野に入れる必要がありますが、対立の原因は仏教の側のみにあった訳ではありません。

仏教に対抗できるような力は、当時のキリスト教には微塵もありませんでしたが、宣教師たちがもたらした宗教観には、キリスト教絶対主義（優越主義）が避けがたく埋め込まれていました。同志社の設立者・新島襄《にいじまじょう》（一八四三―一八九〇）も、文明社会の基礎となっているキリスト教こそが最も優れた宗教であるとして、仏教を批判することが少なくありませんでした。しかし、現代においては、新島の仏教観を継承するのではなく、むしろ、それを適切に修正する必要があるでしょう。それこそが、自宗教絶対主義から解放する宗教間教育の役割でもあります。

同志社がキリスト教を中心とすべきこと、とりわけ徳育の基本とすることは「同志社大学設立の旨意」（一八八八年）においても明確に述べられています。しかし、次のような興味深い文言もあります。

これ基督教主義をもって、我が同志社大学徳育の基本と為す所以、而してこの教育を施さんが為に、同志社大学を設立せんと欲する所以なり。吾人の目的かくのごとし。もしそれこの事を目して基督教拡張の手段なり、伝道師養成の目的と云う者は、未だ吾人が心事を知らざる人なり。吾人が志す所の者、なおその上に在るなり。（同志社、二〇一〇）

新島はキリスト教主義を、キリスト教伝道や伝道師養成を目的とするものではなく、「なおその上に在るなり」と述べています。新島にとって、キリスト教主義は学生の精神や行動を良き方向に導くためのエネルギー源です。では、キリスト教主義とは、教育に適用できるように調整された薄味のキリスト教なのでしょうか。聖書に示された、世の秩序を破壊しかねないほどの濃厚なイエスの教えと、どのように結びつくのででしょうか。こうした問いに対する答えは、新島の言葉や初期同志社の歴史から自動的に与えられるものではありません。キリスト教絶対主義を排するために、キリスト教相対主義（他の価値観と簡単に調和できる薄味のキリスト教）を採用することは、恐らくその答えではないでしょう。両者のいずれにも誘引されないような第三の道を模索することこそが「なおその上に在るなり」に現代的な形を与えることになるはずです。そして、それが従来の宗派教育を越える宗教間教育に求められているのです。こうした論点は、仏教系学校に対しても同様に適用できるはずです。仏教絶対主義と仏教相対主義のいずれをも克服していく道を模索することができるからです。

近現代の日本において自文化礼賛の道徳教育、自宗教礼賛の宗派教育が一定の影響力をもち、意図するとせずとにかかわらず、他の文化や他の宗派・宗教を軽んじる傾向が生じてきたとすれば、未来の宗教教育においては、従来の道徳教育や宗教教育を越える、トランスナショナルな視点をもち、宗教の違いを積極的に取り扱うことのできる宗教間教育の視点が求められることになるでしょう。それは結果として、それぞれの固有の宗教伝統を再解釈し、同時に人類の普遍性に開かれた、新たなアイデンティティを付与することにもつながるはずです。

（小原克博）

四　国際的な視点からみた日本の仏教と女性

仏教と女性―戒律・経典

釈尊在世時に仏教では比丘尼《びくに》・沙弥尼《しゃみに》という出家女性の存在を認め、サンガの構成員としてきました。また在家の女性仏教徒は優婆夷と呼ばれていました。今日仏教は世界中に広がり展開しています。　仏教教団の中における男女の出家者や在家者のあり方が構築され、そして維持されてきました。

女性と仏教というテーマでしばしば取り上げられるのは女性僧侶です。尼僧や比丘尼と呼ばれることもあります。女性僧侶の立場は教団や周囲の環境でかなり異なるようです。

出家者の戒律が記された『四分律《しぶんりつ》』などでは、比丘尼の戒律が男性僧侶である比丘の戒律よりはるかに多くなっています。尼僧に八敬法《はっきょうほう》（八重法《はちじゅうほう》ともいいます）を求める仏教教団があります。八敬法には「比丘尼が比丘に対して公に訓戒することは差し障りがあるが、比丘は比丘尼に対して公に訓戒することは差し障りはない」（植木、二〇〇四）などとあり、比丘は比丘尼の上位に位置付けられます。戒律の成立経緯については諸説あります。しかし、八敬法があることで、今日でも出家女性の立場や活動に困難が出ている例がみられるのです。二〇〇八年世界仏教徒大会日本大会のシンポジウム「ジェンダーイコールな仏教をめざして」に登壇した台湾の尼僧チャウウーエ・シー（釋昭慧、一九六五―）は、八敬法が仏教教団内部の男女の上下関係を決定的にしたとして八敬法の撤廃を求めます。シーは下位に位置付けられた尼僧は、「公的発言権を得るため（男性よりも）高い学歴を持つことが求められる」と言います。尼僧が十分な教育を受け周囲から認められる存在になってようやく彼女たちの発言に耳を貸す人もいるというのです。

日本でも現場で八敬法的な扱いを受けている尼僧がいます（飯島、二〇一九）。宗教儀礼を行う際、男女の僧侶に与えられる役割に明らかな上下関係がみられると指摘しています。同じ儀式に出ると、男性が上段で重要な役割を担い女性は下段に座ることになります。このような現場に立つと、尼僧は男性僧侶に従いなさい、尼僧は後ろにさがっているべきだという雰囲気を感じるといいます。そして周辺化されてきた尼僧の現状に声を上げます。女性僧侶が宗教儀礼や社会活動をするとき、戒律や周囲からの「女性僧侶（尼僧）はこうあるべき」という固定化した考えに疑問を呈し是正を求める人が出てきています。

今日、日本の仏教教団の中で、僧侶になる過程や宗派の法制上、男女の僧侶に違いをつけているところはあまりみられなくなりました。しかし宗派や本山の議会・宗会などと呼ばれる意思決定機関では、女性議員や女性が発言している姿を見ることはあまりありません。出家・在家の女性は数多くいますが、教団の運営や維持を進めていく人の中に女性の数は今も少ないままなのです。

経典の中には女性のことが多く登場します。先述したように、女性に定められた戒律を収める経典のほかにも、ジェンダーの視座からは女人成仏《にょにんじょうぶつ》、変成男子《へんじょうなんし》（女性は男性の姿に変わって往生する）や五障三従《ごしょうさんしょう》（女性は五つの障りがあり父・夫・子の三者に従う）などが問題となります。日本仏教各宗派が所依とする経典に登場するこれらの思想については、成立の経緯や社会的背景について研究が進められてきました。これからは経典に記された思想が、現代の仏教界においてどのような意味をもつのかを考えていくことが必要とされます。

家族仏教―僧侶の配偶者や家族　日本では僧侶の多くが結婚しています。表向き出家仏教の立場をとる宗派があれば、結婚を当然のこととしてきた宗派もあります。僧侶の結婚を公には認めることがない出家仏教をうたう宗派では、結婚しているのだけれどそれを公にしないことで、寺院にいる配偶者の立場はあいまいにされています。川橋はこうした状態を「虚偽の出家主義」と呼び批判的に捉えています（川橋、二〇一二)。

寺院にいる女性は寺庭婦人や寺族女性(婦人)、坊守といいます。浄土真宗本願寺派では住職や前住職の配偶者は坊守と呼ばれます。坊守に男女は問いませんが住職を補佐する立場にあります。僧侶と結婚して坊守という立場が与えられることに困惑を感じる人もいるとされます。また日本では世襲制をとる寺院が多く、住職と配偶者は、家族や周囲から次世代を産み育てることを求められることもあります。時にこれらは、住職や配偶者のプレッシャーになることがあります。

寺院には女性や家族がいます。寺院活動に携わっていながら、時に不可視あるいは周辺に置かれ、自らの立場が見出しにくく、悩む人もいるのです。僧侶の結婚を当然とする日本仏教において、寺院にいる女性や家族が寺院や教団の中でどのように位置付けられていくかは、各宗派や僧侶のジェンダー観を投影したものになるでしょう。

越境する女性仏教徒

サキャーディータは一九八七年に尼僧が中心となって結成された国際的団体です。尼僧復興運動を進め、多くの尼僧を輩出するほか、定期的に世界大会を開催し教育や福祉といった社会活動にも力を入れています。設立当初から構成員に欧米の尼僧が多くみられることが特徴です。アジア系と非アジア系尼僧で結成されていることで人種や民族の多様性を見せています。組織内の関係のこれからも注目されます(川並、二〇〇七)。

国内の仏教教団に目を転じると、真宗大谷派では、一九八六年に「女性差別を考えるおんなたちの会」が開かれ報告書が出されています。この動きを受けて大谷派では、一九九六年に宗門内に「女性室」を設置して広報誌「メンズあいあう」を発行しています。女性だけでなく、男性僧侶の声や意見も掲載されてきました。女性室の活動は現在も継続していて「メンズあいあう」はオンラインでも閲覧できます（真宗大谷派［東本願寺］女性室）。

女性と仏教・関東ネットワークが出版する冊子『女たちの如是我聞』には、さまざまな宗派の女性による論考が集められています。二〇一九年には第一九号が出版されます。日本では、宗派を越えて女性たちが意見交換する機会があまり多くありません。彼女たちの経験してきたこと、各宗派や寺院における女性の立場を語る場をもつことで、現在の女性と仏教を取り巻く状況が具体的に明らかになるでしょう。

日本をベースに活動するＩＬＡＢ（International Leaders Association of Buddhism「国際仏教婦人会」。二〇一九年から「国際仏教文化を学ぶ会」に名称変更を決定）は仏教系新宗教孝道会の女性組織です。宗派や国を越えて女性仏教徒が集まり、仏教の教えを学び実践するという趣旨のもと立ち上げられました。仏教に関心を持つ人、世界の仏教文化に触れたい人に日本語と英語で活動を行っています。定期的に行われる交流会やシンポジウムでは、宗派を問わず、国内外からも講師を招聘し、広く世界の仏教の現状を知る機会を提供しています。

近代になって各宗派では本山を中心として教化団体が結成されてきました。その中に女性の団体もあります。浄土真宗本願寺派では仏教婦人会が結成され寺院、教区、年代、寺族、門徒などの別に組織化が進みました。現在海外寺院でも仏教婦人会が活動しています。国内と海外開教区の仏教婦人会が一緒になり、世界仏教婦人会大会が開催されています。これまで、仏教婦人会に厳しい意見やさまざまな考えが寄せられてきました。アメリカでは入会を女性に限定している婦人会は、「政治的に不適切」だといわれたことがあります。

日本では婦人会という呼称に疑問を呈する人もいます。世界仏教婦人会大会では、多様な民族・社会的背景を有する人が集まり課題を話しあいます。構成員が多様化し次世代へいかに継承していくのかといった課題も含めて、変化していく組織に関心が集まっています。

仏教のダイヴァーシティ──女性仏教徒の語り

かつて仏教東漸という言葉が流行しました。現在アジア以外の地域にも仏教は広がりを見せています。仏教に魅力を感じる人、改宗して仏教徒になった人などがいます。アメリカでは日本人と日系アメリカ人によって日本仏教が維持されてきましたが、今は日系ではない人や非アジア系の人も増えています。また、戒律を守り生活する尼僧、禅の修行をする女性はアジア系に限らず多くいます。アジア系が多かったかつての仏教教団から多様な人が集う教団になっています。

日本の寺院にヨーロッパ出身の女性僧侶がいます。『現代日本の仏教と女性』でイギリス出身のヴィクトリア吉村が日本の寺院での体験を綴っています（吉村、二〇一九）。日本社会・日本人の中で共有されている、多くの慣習や、人々がもつジェンダー意識にさいなまされながら、さらに寺族・地元から何気ない会話の中で発せられる偏見をもった発言や態度に何十年と接してきました。日本仏教の現場で、ジェンダーの違いだけではなく人種や民族に対する偏見がないのか考えさせられる論考です。

仏教はこれまで女性仏教徒の声を聞いてきたといえるでしょうか。マーク・ロウは、寺院にいる女性がなぜそこに至ったのか、生活と信仰を含めてその複雑な実態を包括的に捉える必要があるとしたうえで、「彼女（日本の女性仏教徒・著者注）たちの物語は、私たちの仏教に対する理解をより豊かにするうえで不可欠」と述べています（ロウ、二〇一九）。女性仏教徒は、それぞれが異なる経験をもち語ることができます。

欧米では非アジア系の尼僧や女性の改宗仏教徒に注目が集まってきたため、アジア系の女性仏教徒にはスポットライトが当てられてきませんでした。また、男性主体あるいは男性中心となっていた教団や寺院の中で、声を上げても埋もれてしまったり、声が届かない、届けられない女性もいました。寺院や仏教コミュニティで活動する多くの女性仏教徒がいます。女性たちの声は今も取りこぼされているように思われます。

国内・海外にみられる数えきれない女性仏教徒の語りは、教えや身近にある社会、経済、政治、ジェンダーといった事柄を含んでいるものにもなります。彼女たちの言葉にはさまざまな課題が複雑に絡んでいるのです。仏教はこれらの声に耳を傾けることができるでしょうか。彼女たちの語りからはこれからの仏教界に資する事柄や課題が多くもたらされるでしょう。これらの語りをくみ取り生かしていくことで、今後の日本と世界の仏教はより豊かに展開していくことでしょう。

（本多　彩）

五　むすび

ここでは多文化共生社会における日本の仏教の可能性について、「宗教間対話」「宗教間教育」「仏教と女性」という三つの具体的な課題を取り上げました。またサブタイトルに「トランスナショナルな視点から」と記したのは、急速にグローバル化が進む現代の人間社会において、日本の仏教というアイデンティティを喪失することなく、未来に向かって仏教という宗教のもつ可能性を見出すためには、それを仏教内部やまた日本文化・社会の内部者という視点だけから見るのではなく、他宗教から見られている仏教、日本の外側から見られている仏教という視点をもつことが必要であると考えたからです。

そのためには、本章で取り上げたように、宗教間の対話と宗教間の教育をさらに幅広く積極的に展開することが必要であることはいうまでもありません。しかし、本章の第三節に示されているように、日本の仏教研究・教育の場において宗教間の対話と教育を進める際には、まず具体的な課題として、これまで仏教研究・教育の場でおろそかにされていた「女性仏教徒の語り」に耳を傾けるところから始めるべきではないでしょうか。そして、そのうえでさらに広く世界の仏教コミュニティの中に存在するダイヴァーシティについての課題に取り組む足場を構築していく必要があるでしょう。

多文化共生社会における日本仏教のこれからの可能性について思索し、それを仏教の研究と教育の場で実践していく際には、通時的・共時的アプローチのいかんを問わず、日本の仏教内部からみた「国際化」という視点からではなく、その枠組み自体を越境した「トランスナショナル」な視点をもって再検討を試みるべき時代がやってきています。しかし、それは日本仏教のアイデンティティの喪失を意味するものではありません。むしろそれとは真逆の意義を持ち、これまでの日本と世界の仏教の伝統を、未来に向けてより豊かに展開させる可能性を開くものなのです。

（那須英勝）

参考文献

飯島惠道「ジェンダー不平等な現場からのレポート――伝統的出家型尼僧の視座から」那須英勝・本多彩・碧海寿広編『現代日本の女性と仏教―文化の越境とジェンダー』法藏館、二〇一九年

植木雅俊『仏教の中の男女観――原始仏教から法華経に至るジェンダー平等の思想』岩波書店、二〇〇四年

川並宏子「仏教」田中雅一、川橋範子編『ジェンダーで学ぶ宗教学』世界思想社、二〇〇七年

川橋範子『妻帯仏教の民族誌・ジェンダー宗教学からのアプローチ』人文書院、二〇一二年

國學院大學日本文化研究所編『宗教と教育――日本の宗教教育の歴史と現状』弘文堂、一九九七年

小原克博『宗教のポリティクス――日本社会と一神教世界の邂逅』晃洋書房、二〇一〇年

小原克博『一神教とは何か――キリスト教、ユダヤ教、イスラームを知るために』平凡社、二〇一八年

櫻井治男『日本人と神様――ゆるやかで強い絆の理由』ポプラ新書、二〇一四年

浄土真宗教学伝道センター編『浄土真宗聖典（註釈版・第二版）』本願寺出版社、二〇〇四年

女性と仏教東海・関東ネットワーク編『新・仏教とジェンダー――女性たちの挑戦』梨の木舎、二〇一一年

真宗大谷派（東本願寺）女性室　http://aiau-higashihonganji.net/index.html

タナカ、ケネス『アメリカ仏教――仏教も変わる、アメリカも変わる』武蔵野大学出版会、二〇一〇年

千葉乗隆『真宗と女性』千葉乗隆著作集第五巻、法藏館、二〇〇二年
デイヴィス、J・D著、北垣宗治訳『新島襄の生涯』小学館、一九七七年
同志社編『新島襄 教育宗教論集』岩波書店、二〇一〇年
吉村ヴィクトリア「ニッポンの田舎における英国人女性僧侶の冒険」那須英勝・本多彩・碧海寿広編『現代日本の女性と仏教・文化の越境とジェンダー』法藏館、二〇一九年
ロウ、マーク「仏教人類学とジェンダー——女性僧侶の体験から」那須英勝・本多彩・碧海寿広編『現代日本の女性と仏教・文化の越境とジェンダー』法藏館、二〇一九年

コラム

LGBT／SOGIと仏教―クィア仏教学の構築にむけて―

LGBT／SOGIという言葉がずいぶんと知られるようになりました。LGBTとはL（レズビアン）、G（ゲイ）、B（バイセクシュアル）、T（トランス・ジェンダー）の人々を指し、セクシュアル・マイノリティ（性的少数者）のおおよその総称として使用されています。これとは別にSOGIという言葉＝Sexual Orientation（性的指向＝好きになる性が何か）・Gender Identity（性自認＝自分の性別をどのように認識するか）が使われ始めています。LGBTは、どういった人たちが社会の中で困難を背負っているかを示すときに使われる言葉であり、SOGIは、何が問題となっているのかを示すときに使われる言葉として考えると分かりやすいと思います。最近ではSOGIの方がセクシュアル・マイノリティ当事者だけではなく、すべての人の性に関わる言葉なので積極的に使用されることが多くなってきているようです。

現在私は、クィア仏教学の構築を目指して研究に取り組んでいます。「クィア」とはかつて侮蔑的な意味でセクシュアル・マイノリティ当事者に浴びせられていた言葉を、当事者が逆手にとり、差異を乗り越えて連帯することで差別状況を転換するという意味があります。さらに発展して、男／女や異性愛／同性愛などの二項対立で規定されてきた性に関する様々な概念を否定的に捉え、既成の概念規定を脱却し克服していく

写真１　サンフランシスコのプライドパレードに参加したサンフランシスコ仏教会 LGBTQ ＋メンバー
（撮影：Keith Kojimoto）

論理を再構築していく実践的な学問としてクィア・スタディーズが形成されつつあります。

仏教の立場から性に関する差別などを考える場合、「仏教は無分別を説き差別を超越した宗教だから、教えとしては解決している」という意見や「仏教とは超越概念なので、現実の性の問題にはかかわらない」という意見をしばしば耳にします。そうした意見に対して、クィア・スタディーズからはこのような問いが返されるはずです。「教えとしては解決している問題であるにもかかわらず、なぜ具体的な教団の中で差別現象が存在し続けているのですか？」とか「具体的にジェンダーやセクシュアリティが原因となる差別が解消できていないのであれば、差別の解消にむけて仏教理解を再構築する必要があるのではないですか？」と。現実的な性に関する問題をきっかけに、その解決のための論理の再構築を模索するクィア・スタディーズだからこそ出される貴重な問いだといえます。

親鸞は当時、貴族階級により阿弥陀仏の救いが独占されていた状況に疑問を持ち、他力回向の信という概念を用いることで、浄土教をすべての人が救われる仏教に再構築した人だと評価されます。さらに、そうした浄土教理解のもとでの仏道を歩んだ結果として、恵信という女性と結婚しています。当時の仏教界ではタブー視されていた、結婚という画期的な選択を行うことで、新たに在俗の生活における仏道を示した、と親鸞が高く評価される点でもあります。

いつの時代においても、性に関する問題は低俗なものとタブー視され、議論の対象とされにくい傾向があります。しかし、そのような性の問題に仏教者として真正面から向き合ったのが親鸞だったのではないでしょうか。本来、すべての生物は性と無関係に存在することはできません。性の問題は人種や国籍などを越えて、命あるものすべてにかかわる問題だからです。その性に関する問題を、人間そのものにおける根本的な問題だと直視し、浄土教の文脈の中におとしこみながら仏教を再構築していく姿勢を親鸞は示してくれているのです。まさに、こうした現実の性に関する問題から仏教を再構築した親鸞の姿勢そのものが、クィア・スタディーズ的だったと考えられます。

「最近LGBTの人が多くなったね」という話をよく聞きますが、これまでも一定数の当事者はいらっしゃったはずです。しかし、自分がそうだとカミングアウトすると、差別や蔑みの対象となりはしないかと恐れ、沈黙していらっしゃっ

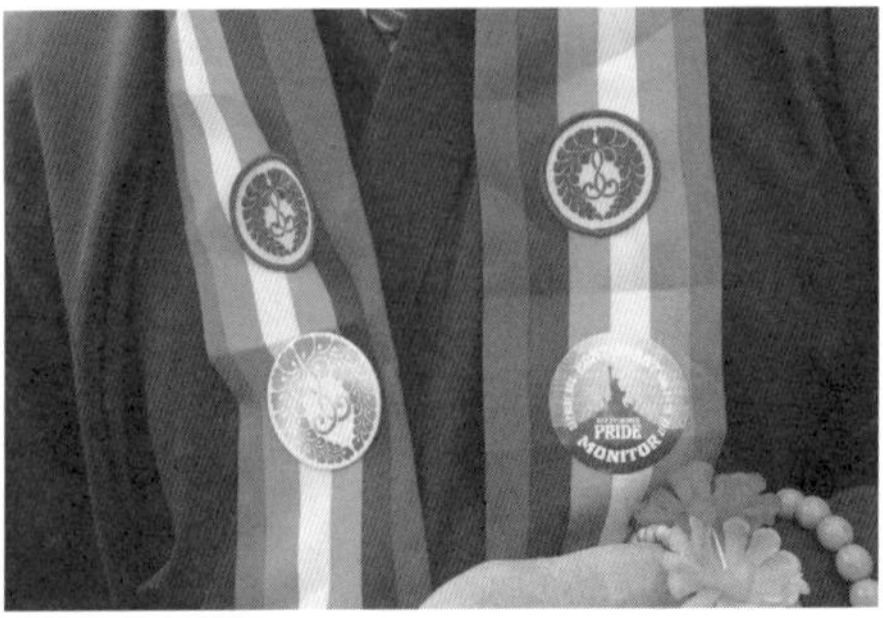

写真２　LGBT の象徴であるレインボーカラーの輪袈裟
ワシントン DC のスミソニアン博物館にも展示された（作成：福田泰子、撮影：Keith Kojimoto）。

たのだと思います。こうした気付かれにくい差別がある状況は、仏教教団においてもしかりだと考えられます。現在の国際的な潮流としては、同性での結婚を合法と認める傾向にあります。そんななか、いまだ日本の仏教教団などに、たくさん残されているであろう、性に関した問題を解決するためにも、クィア・スタディーズを取り入れた仏教学＝クィア仏教学を確立する必要があるといえます。

当たり前だと思っている現状の中で克服すべき課題を発見するためには、タブー視されていた問題を直視することが近道なのかもしれません。親鸞が性の問題をタブー視せずに取り組んだように、僭越ながら私もクィア仏教学を構築することで、これまで以上に国際的で実践的な仏教・真宗教学を再構築できればと考えています。

（宇治和貴）

参考文献

宇治和貴「親鸞思想からの「マイノリティ差別」批判」『筑紫女学園大学教育実践研究』第五号、二〇一八年、二五―三四頁

編集後記

東日本大震災以降、宗教の社会関係資本（ソーシャルキャピタル）としての機能が評価され、日本の宗教文化の中核に位置してきた仏教の社会性・公益性に対する期待が高まっています。しかし、現在の日本仏教はこの期待にどのように応えることができるのでしょうか。現代社会におけるこれからの日本仏教の役割についてどのような展望をもつことができるのでしょうか。

本書は、こうした研究課題を共通の出発点として、「日本仏教の通時的・共時的研究―多文化共生社会における課題と展望―」というテーマのもとで、龍谷大学アジア仏教文化研究センターで五年間にわたり進めてきた研究プロジェクトの研究成果を、総括するかたちでまとめたものです。

全体テーマに示されているように、今回の研究プロジェクトでは、通時的・共時的という、いわば横軸と縦軸にあたる二つの視座のもとに研究が進められました。通時的な課題を取り上げる研究グループでは、日本仏教を、アジア全体の仏教の歴史的な展開の中に位置付けるとともに、過去から続くその歴史と思想の流れの中で、現在の日本仏教が直面している課題と未来への展望について研究を進めました。一方、「共時的」な課題に取り組んだ研究グループでは、グローバル化の急速な進展により起こっている、現代世界のさまざまな変化の中で生み出された共時的な現代の諸課題――さまざまな宗教間の対立や地域紛争、貧困・格差の問題や地球規模での環境問題――に対して、日本仏教がどのような展望を開くことができるのかという観点から議論を重ねました。研究プロジェクト全体として、この横軸と縦軸の二つが交差するところに立って、「多文化共生社会」の実現に向けた日本仏教の課題と展望について考えようと試みたのです。

今回そのような学際的な性格をもった研究プロジェクトを推進するにあたり、龍谷大学アジア仏教文化研究センターでは、総勢四十六名にもおよぶ研究者から構成される研究体制をとりました。参画した研究者は、日本仏教を専門とする研究者だけでなく、歴史学や国文学あるいは社会学や文化人類学などの研究手法をディシプリンとする研究者、さらには植物生態学や情報工学といった自然科学の分野の専門家にも参画していただきました。それぞれの研究者が自分の専門性を生かしながら、各研究グループのテーマに複合的・学際的に取り組んでいくことにより、新たな研究の枠組みや知見も生まれました。しかし、同時に全体として各研究グループ間の研究のつながりの悪さも見えるようになりました。

したがって現時点で、本書のような、研究プロジェクト全体をまとめる総括書的な性格を持った本を出版するべきかどうかということについて、センター内でも意見が分かれました。五年間に積み上げてきた各研究グループの研究成果にもとづく出版は既に行われており、その成果を無理に結び付けて一冊の本にすることは、屋上屋を架すようなことにはならないかという意見もありました。しかし、それぞれの特色ある研究成果を、たとえ途上のものであっても、一冊にまとまった本として残しておくことには意義がある、ということで大方の意見が一致しました。そこで、このようなかたちで総括叢書を上梓する運びとなりました。

編集作業については、第一部はセンター長の楠淳證先生が、第二部についてはグループ長の中西直樹先生、そして第三部についてはグループ長をつとめた嵩満也があたりました。出版に際しご協力を頂いた、各研究グループの代表の先生方、共同研究者のお一人おひとりに対して、この場をかりて改めて深く感謝申し上げます。

最後に、これまでの共同研究が、五年間にわたり進めることができたのは、ひとえにセンター長をつとめてこられた楠淳證先生の研究プロジェクト全体の目標を見据えた強いリーダシップのおかげだといっても過言ではありません。研究者は自分の関心のあるテーマに夢中となりやすく、ややもすると他の研究内容との相互関係や連係に目配りすることができなくなってしまうことがよくあります。そのような時にも楠センター長は、個々の研究テーマの着地点を見通しつつ、忍耐強く巧みにそれぞれの研究を全体とのつながりの中に導いてこられました。自己犠牲をいとわれないその誠実なお人柄と、研究プロジェクトを最後まで導いてくださったその強いリーダシップに対して、共同研究者の一人として、この場をかりて深く感謝申し上げたいと思います。

五年間にわたる今回の研究プロジェクトが、今後、日本仏教の新たな研究展開へと結びつくことを念願して編集後記とさせて頂きます。

令和二年一月十六日

龍谷大学アジア仏教文化研究センター
副センター長　嵩　満也

龍谷大学アジア仏教文化研究叢書17　刊行の辞

龍谷大学は、寛永十六年（一六三九）に西本願寺の阿弥陀堂北側に創設された「学寮」を淵源とする大学です。その後、明治維新を迎えると学制の改革が行われ、学寮も大教校と名を変え、さらに真宗学庠、大学林、仏教専門学校、仏教大学と名称を変更し、大正十一年（一九二二）に今の「龍谷大学」となりました。

その間、三百八十年もの長きにわたって仏教の研鑽が進められ、龍谷大学は高い評価を得てまいりました。そして平成二十七年四月、本学の有する最新の研究成果を国内外に発信するとともに仏教研究の国際交流の拠点となるべき新たな機関として、本学に「世界仏教文化研究センター」が設立されました。アジア仏教文化研究センターは、そのような意図のもと設立された世界仏教文化研究センターの傘下にある研究機関です。

世界仏教文化研究センターが設立されるにあたって、その傘下にあるアジア仏教文化研究センターは、文部科学省の推進する「私立大学戦略的研究基盤形成支援事業」に、「日本仏教の通時的・共時的研究―多文化共生社会における課題と展望―」と題する研究プロジェクト（二〇一五～二〇一九年度）を申請し、採択されました。

本研究プロジェクトは、龍谷大学が三百八十年にわたって研鑽し続けてきた日本仏教の成果を踏まえ、これをさらに推進し、日本仏教を世界的視野から通時的共時的にとらえるとともに、日本仏教が直面する諸課題を多文化共生の文脈で学際的に追究し、今後の日本仏教のもつ意義を展望するものです。このような研究のあり方を有機的に進めるため、本研究プロジェクトでは通時的研究グループ（ユニットA「日本仏教の形成と展開」、ユニットB「近代日本仏教と国際社会」）と共時的研究グループ（ユニットA「現代日本仏教の社会性・公益性」、ユニットB「多文化共生社会における日本仏教の課題と展望」）の二つに分け、基礎研究等に基づく書籍の刊行や講演会等による研究成果の公開などの諸事業を推進してまいりました。

このたび刊行される『国際社会と日本仏教』は、五年間の研究プロジェクトの総括として刊行した書であり、「龍谷大学アジア仏教文化研究叢書」の第十七号となります。これをもってアジア仏教文化研究センターの第二期の活動はひとまず終了いたしますが、今後は母体である世界仏教文化研究センターが国内外に発信する諸成果に、ご期待いただければ幸いです。

令和二年一月十六日

龍谷大学アジア仏教文化研究センター
センター長　楠　淳證

執筆者一覧（五十音順）

宇治和貴（うじ・かずたか）　筑紫女学園大学人間科学部人間科学科　准教授　【第八章コラム】

碧海寿広（おおみ・としひろ）　武蔵野大学文学部　准教授　【第三章コラム】

長上深雪（おさかみ・みゆき）　龍谷大学社会学部現代福祉学科　教授　【第七章】

金澤　豊（かなざわ・ゆたか）　龍谷大学大学院実践真宗学研究科　実習助手　【第七章コラム】

川添泰信（かわそえ・たいしん）　龍谷大学名誉教授　【第一章コラム】

楠　淳證（くすのき・じゅんしょう）　龍谷大学文学部仏教学科　教授・アジア仏教文化研究センター（センター長）【第一章】

桑原昭信（くわはら・あきのぶ）　龍谷大学アジア仏教文化研究センター　博士研究員　【第二章】

小原克博（こはら・かつひろ）　同志社大学神学部　教授　【第八章】

杉岡孝紀（すぎおか・たかのり）　龍谷大学農学部植物生命科学科　教授　【第二章】

髙田信良（たかだ・しんりょう）　龍谷大学名誉教授　【第八章】

高田文英（たかだ・ぶんえい）　龍谷大学文学部　准教授　【第二章】

嵩　満也（だけ・みつや）　龍谷大学国際学部国際文化学科　教授・アジア仏教文化研究センター（副センター長）【第三章・第六章】

竹本了悟（たけもと・りょうご）　特定非営利活動法人京都自死・自殺相談センター　代表・TERA Energy 株式会社代表取締役　【第七章】

玉木興慈（たまき・こうじ）　龍谷大学文学部真宗学科　教授【第二章】
中西直樹（なかにし・なおき）　龍谷大学文学部歴史学科　教授【第五章】
那須英勝（なす・えいしょう）　龍谷大学文学部真宗学科　教授【第八章】
西谷　功（にしたに・いさお）　泉涌寺宝物館「心照殿」学芸員・龍谷大学非常勤講師【第一章コラム①】
野呂　靖（のろ・せい）　龍谷大学文学部仏教学科　准教授【第七章】
本多　彩（ほんだ・あや）　兵庫大学共通教育機構　准教授【第八章】
三谷真澄（みたに・まずみ）　龍谷大学国際学部国際文化学科　教授【第四章】
道元徹心（みちもと・てっしん）　龍谷大学理工学部数理情報学科　教授【第一章】
村岡　倫（むらおか・ひとし）　龍谷大学文学部歴史学科　教授【第四章コラム】
若原雄昭（わかはら・ゆうしょう）　龍谷大学文学部仏教学科　教授【第六章コラム】
渡邊　久（わたなべ・ひさし）　龍谷大学文学部歴史学科　教授【第一章コラム②】

索 引

■あ行

■か行

■さ行

■た行

■な行

■は行

■ま行

■や行

■ら行

■アルファベット

国際社会と日本仏教　〈龍谷大学アジア仏教文化研究叢書 17〉

令和2年 1 月 31 日　発　行

編　者　楠　　淳　證
　　　　中　西　直　樹
　　　　嵩　　満　也

発行者　池　田　和　博

発行所　丸善出版株式会社
〒101-0051 東京都千代田区神田神保町二丁目 17 番
編集：電話(03)3512-3265／FAX(03)3512-3272
営業：電話(03)3512-3256／FAX(03)3512-3270
https://www.maruzen-publishing.co.jp

組版印刷・株式会社 日本制作センター／製本・株式会社 星共社

ISBN 978-4-621-30484-6 C0015　Printed in Japan